테마로 배우는
일본어 관용구

일본어 표현력 향상 프로젝트
테마로 배우는 일본어 관용구

지은이 오자키 다쓰지
펴낸이 정규도
펴낸곳 (주)다락원

초판 1쇄 발행 2014년 11월 14일
초판 2쇄 발행 2018년 2월 9일

책임 편집 송화록, 손명숙, 임혜련
디자인 김성희, 조영남

다락원 경기도 파주시 문발로 211
내용문의 (02)736-2031 내선 460~466
구입문의 (02)736-2031 내선 250~252
Fax (02)732-2037
출판등록 1977년 9월 16일 제300-1977-23호

Copyright ⓒ 2014, 다락원

저자 및 출판사의 허락 없이 이 책의 일부 또는 전부를 무단 복제·전재·발췌할 수 없습니다. 구입 후 철회는 회사 내규에 부합하는 경우에 가능하므로 구입문의처에 문의하시기 바랍니다. 분실·파손 등에 따른 소비자 피해에 대해서는 공정거래위원회에서 고시한 소비자 분쟁 해결 기준에 따라 보상 가능합니다. 잘못된 책은 바꿔 드립니다.

값 9,500원
ISBN 978-89-277-1115-5 13730

http://www.darakwon.co.kr

- 다락원 홈페이지를 방문하시면 상세한 출판 정보와 함께 동영상강좌, MP3 자료 등 다양한 어학 정보를 얻으실 수 있습니다.
- 다락원 홈페이지 자료실에서 MP3 파일(무료)을 다운로드 받으실 수 있습니다.

일본어
표현력 향상
프로젝트

테마로 배우는
일본어 관용구

다락원

'폭설 때문에 수만 명의 발이 묶였다'

라고 말할 때, 실제로 수만 명의 발이 밧줄이나 끈 등으로 묶였다는 의미는 아닙니다. 폭설로 인해 교통상황이 나빠져 다른 곳으로 이동할 수 없게 되었다는 의미입니다. 이와 같이 두 개 이상의 단어가 결합해서 원래 가지고 있는 뜻과 다른 특수한 의미를 나타내는 것을 관용구라고 합니다.

  이 책은 일본어에서 일상적으로 쓰이는 관용구의 의미와 용법을 익히려는 학습자를 위한 책입니다. '얼굴', '손과 발', '몸', '정신과 마음', '의식주', '생물', '자연', '방향', '수', '색'에 관한 단어가 쓰인 관용구를 정리해서 그 의미와 예문을 제시하였습니다. 단어들이 원래의 뜻에서 벗어나 다양한 맥락에서 쓰이고 있다는 것을 알 수 있을 것입니다.

  이 교재에서는 예문을 주의 깊게 봐 주시기 바랍니다. 말의 의미와 뉘앙스는 그것이 사용된 문맥 속에서 터득되는 것입니다. 따라서 이 책에 실린 예문을 통해, 말로는 다 설명할 수 없는 관용구의 느낌과 분위기를 터득할 수 있도록 세심한 주의를 기울였습니다. 그러므로 한글 해석에 집중하기보다는 일본어 예문 자체를 음미하면서 읽으실 것을 권합니다. 일본어 관용구가 어떤 뉘앙스로 사용되었는지 이해하게 되고, 한글 해석에 대해서도 왜 그렇게 해석했는지 알 수 있게 될 것입니다.

  이 책을 반드시 순서대로 공부할 필요는 없습니다. 자신이 관심이 있는 부분부터 먼저 공부해 나가면 됩니다. 먼저 읽고 싶은 부분이 바로 여러분에게 필요한 내용이기 때문입니다.

  아무쪼록 이 책이 여러분의 일본어 표현력을 향상시키고, 일본어로 더욱 유창하게 말하는 데 도움이 되기를 바랍니다.

저자 오자키 다쓰지

구성과 특징

>> 이 책에서는 일본어에서 일상적으로 쓰이는 관용구의 의미와 용법을 정리하였습니다.

>> 10가지 테마에 해당하는 관용구로 구성되었으며 기본적으로 알아두어야 하는 것은 '필수 표현'으로, 추가로 알아두면 좋은 표현은 '표현 UP'으로 구분하였습니다.

>> 색인에는 관용구를 책에 수록된 순서대로 정리하였습니다.

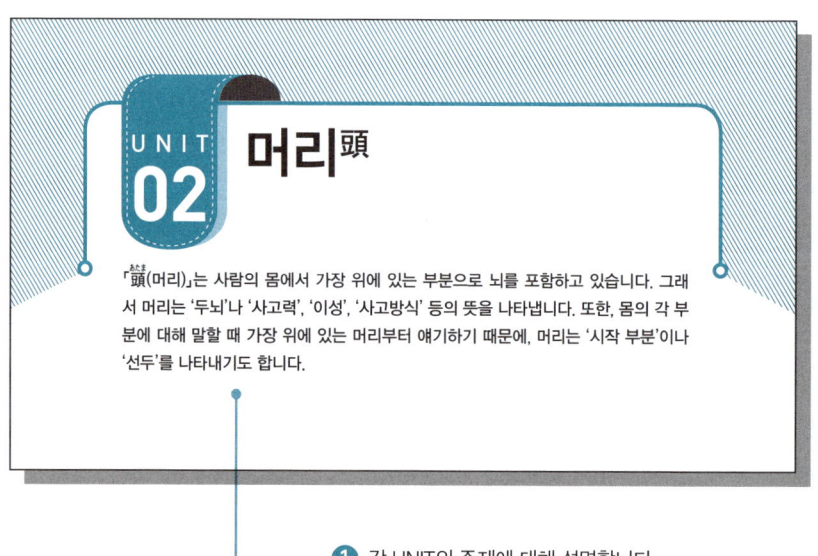

❶ 각 UNIT의 주제에 대해 설명합니다.

② 기본적으로 알아두어야 하는 관용구를 나타냅니다.

③ 관용구를 나타냅니다.

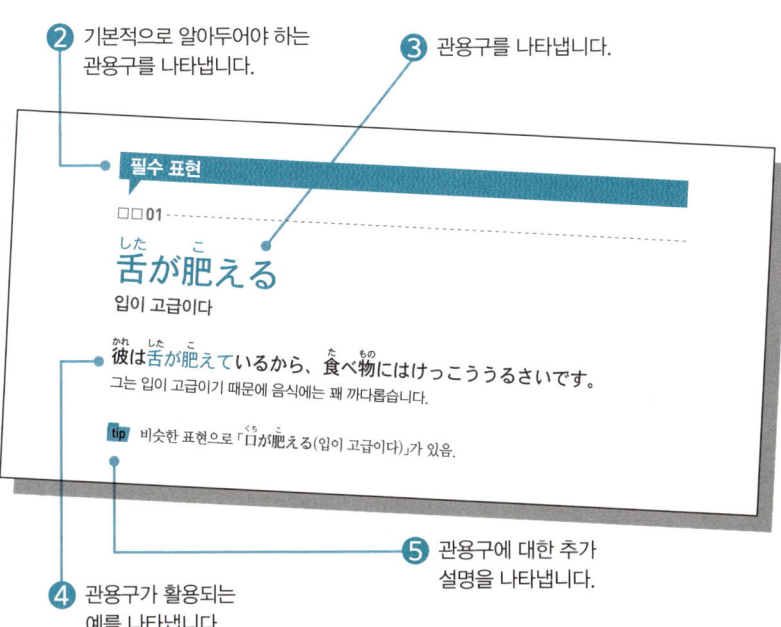

필수 표현

□□ 01

舌が肥える
입이 고급이다

彼は舌が肥えているから、食べ物にはけっこううるさいです。
그는 입이 고급이기 때문에 음식에는 꽤 까다롭습니다.

tip 비슷한 표현으로「口が肥える(입이 고급이다)」가 있음.

④ 관용구가 활용되는 예를 나타냅니다.

⑤ 관용구에 대한 추가 설명을 나타냅니다.

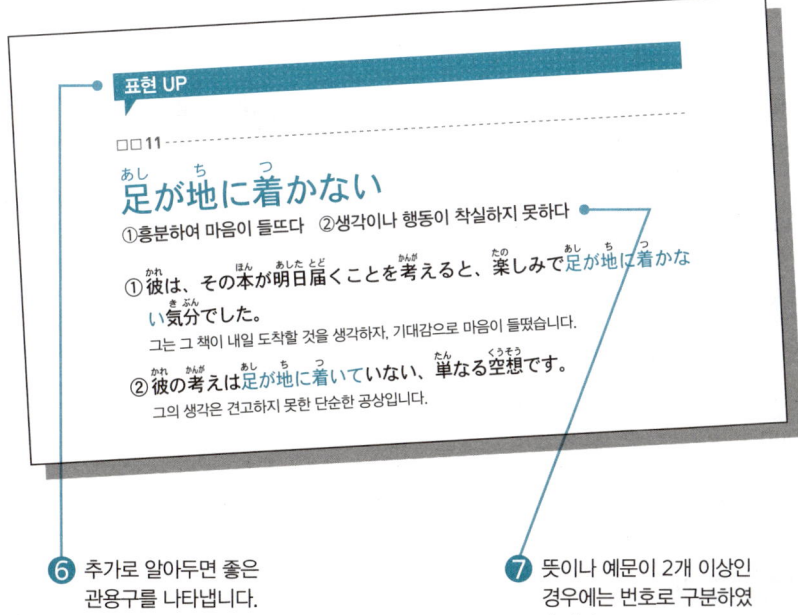

표현 UP

□□ 11

足が地に着かない
①흥분하여 마음이 들뜨다　②생각이나 행동이 착실하지 못하다

① 彼は、その本が明日届くことを考えると、楽しみで足が地に着かない気分でした。
그는 그 책이 내일 도착할 것을 생각하자, 기대감으로 마음이 들떴습니다.

② 彼の考えは足が地に着いていない、単なる空想です。
그의 생각은 견고하지 못한 단순한 공상입니다.

⑥ 추가로 알아두면 좋은 관용구를 나타냅니다.

⑦ 뜻이나 예문이 2개 이상인 경우에는 번호로 구분하였습니다.

목차

머리말
구성과 특징

PART 01 사람의 얼굴

UNIT 01 얼굴 010 | UNIT 02 머리 017 | UNIT 03 눈 026 | UNIT 04 코 036
UNIT 05 입 041 | UNIT 06 귀 048 | UNIT 07 이마·뺨·턱 055
UNIT 08 혀·이 060

PART 02 사람의 손·발

UNIT 01 손 066 | UNIT 02 발 079 | UNIT 03 손가락·손발톱 085

PART 03 사람의 몸

UNIT 01 몸 090 | UNIT 02 목 097 | UNIT 03 어깨 102 | UNIT 04 팔 105
UNIT 05 가슴 108 | UNIT 06 배 114 | UNIT 07 등·엉덩이 120
UNIT 08 허리·무릎 124 | UNIT 09 간·심장·창자·내장 130
UNIT 10 피·눈물·침·땀 135 | UNIT 11 목구멍·숨·배꼽·뼈 145

PART 04 사람의 정신·마음

UNIT 01 정신·마음 152 | UNIT 02 마음 167

PART 05 사람의 의식주

UNIT 01 입다·벗다 174 | UNIT 02 먹다·마시다 177 | UNIT 03 살다 182

PART 06 생물

UNIT 01 고양이·개·소·말 184 | UNIT 02 호랑이·뱀·원숭이·쥐 189
UNIT 03 새·참새·까마귀·학·오리·매 192 | UNIT 04 물고기·도미·고등어 195
UNIT 05 기타 생물 197

PART 07 자연

UNIT 01 산·물·하늘·땅 202 | UNIT 02 꽃·나무 210

PART 08 방향

UNIT 01 상하좌우·옆·대각선 214

PART 09 수

UNIT 01 1~10·백·천·만 220

PART 10 색

UNIT 01 빨강·파랑·노랑·검정·하양 232

색인 240

PART 01

사람의 얼굴

UNIT 01 얼굴顔 | UNIT 02 머리頭
UNIT 03 눈目 | UNIT 04 코鼻
UNIT 05 입口 | UNIT 06 귀耳
UNIT 07 이마額・뺨頰・턱あご
UNIT 08 혀舌・이歯

UNIT 01 얼굴 顔

「顔(얼굴)」는 다른 사람에게 가장 잘 보여지는 부분이며, 또 그 사람 자신이라고도 할 수 있습니다. 따라서 사람을 만나는 것은 '얼굴을 맞대는 것'이라고 할 수 있습니다. 얼굴의 생김새와 표정' 등을 통해 그 사람의 마음이나 생각을 알 수 있는데, 얼굴은 그 사람의 '태도'를 나타내기 때문입니다. 또한 얼굴에는 그 사람을 대표한다는 점에서, 어떤 분야의 '대표적인 인물' 또는 '상징적인 것'이라는 뜻을 나타냅니다. 그리고 얼굴은 사람들 앞에 드러나 있는 부분이기 때문에 그 얼굴을 아는 사람이 많다는 것은 '지명도'가 높다는 뜻을 나타내기도 합니다. 다른 사람에게 얼굴이 알려지면 칭찬을 받기도 하고 입방아에 오르기도 합니다. 그래서 얼굴에는 '체면'이라는 뜻도 있습니다.

필수 표현

☐☐ 01

顔が売れる
세상에 알려지다, 유명해지다

彼は最近テレビに出て顔が売れてきました。
그는 최근 텔레비전에 나와서 유명해졌습니다.

☐☐ 02

顔が利く
얼굴이 알려져 잘 통하다

彼は政界に顔が利くので、いろいろ利権を得ているらしい。
그는 정계에 얼굴이 알려져 있기 때문에 여러 가지 이권을 얻고 있는 것 같다.

03

顔がそろう
참석할 사람이 모두 모이다

やっと顔がそろったので、ここで記念写真でも撮りましょうか。
겨우 모두가 모였으니 여기에서 기념사진이라도 찍을까요?

04

顔が立つ
체면이 서다

田中さんが会合に出席してくだされば、部長の顔が立ちます。
다나카 씨가 회합에 출석해 주신다면 부장님의 체면이 설 것입니다.

05

顔が潰れる
체면이 깎이다

紹介してくれた人の顔が潰れてはいけないので、慎重に仕事をしました。
소개해준 사람의 체면이 깎이면 안되므로 신중하게 일을 했습니다.

06

顔が広い
발이 넓다, 인맥이 넓다

彼は顔が広くて、色々な分野に知り合いがいます。
그는 발이 넓어서 여러 분야에 아는 사람이 있습니다.

☐☐ 07

顔から火が出る
부끄러워서 얼굴이 새빨개지다

会計の時財布がないことに気付き、顔から火が出るほど恥ずかしかったです。
계산할 때 지갑이 없는 것을 알고, 얼굴이 빨개질 정도로 창피했습니다.

☐☐ 08

顔に書いてある
얼굴에 써 있다

否定しても無駄です。彼女のことを知っているって、顔に書いてありますよ。
부정해도 소용없습니다. 그녀를 알고 있다고 얼굴에 써 있어요.

☐☐ 09

顔にかかわる
체면에 관계되다

あなたが問題ある発言をすると、私の顔にかかわります。
당신이 문제 있는 발언을 하면 내 체면에 관계됩니다.

☐☐ 10

顔に泥を塗る
얼굴에 먹칠을 하다, 체면을 상하게 하다

君は短気だから、騒ぎを起こして親の顔に泥を塗るようなことのないよう、気を付けてね。
너는 화를 잘 내니까 소란을 일으켜서 부모님 얼굴에 먹칠을 하는 일이 없도록 조심해.

> tip 비슷한 표현으로「顔を潰す(체면을 상하게 하다)」와「顔を汚す(명예를 손상시키다)」가 있음.

11

顔を売る
널리 알려지게 하다

いざという時のためにも、あちこちに顔を売っておいた方がいいと思いますよ。
만일의 경우를 위해서도, 여기저기 얼굴을 알려 두는 것이 좋아요.

12

顔を貸す
부탁을 받고 사람을 만나다, 사람 앞에 나서다

団体交渉をしなきゃならないんだけど、ちょっと顔を貸してもらえませんか。
단체교섭을 해야 하는데 잠깐 참석해 주시겠습니까?

13

顔を出す
모습을 나타내다, 얼굴을 비치다

明日の集まりに、ちょっとでいいですから顔を出していただけませんか。
내일 모임에 잠깐이라도 좋으니까 얼굴을 비쳐 주시지 않겠습니까?

□□ 14

顔
かお
を立
た
てる

체면이 상하지 않게 하다

ここはあなたの顔
かお
を立
た
てて、私
わたし
が譲
じょう
歩
ほ
するといたします。

여기는 당신의 체면이 상하지 않게, 내가 양보하겠습니다.

□□ 15

顔
かお
を潰
つぶ
す

체면을 상하게 하다

上
じょう
司
し
の顔
かお
を潰
つぶ
すようなことは、くれぐれもしないでくださいね。

상사의 얼굴에 먹칠을 하는 일은 부디 하지 말아 주세요.

> **tip** 비슷한 표현으로「顔
かお
に泥
どろ
を塗
ぬ
る(얼굴에 먹칠을 하다)」와「顔
かお
を汚
よご
す(명예를 손상시키다)」가 있음.

표현 UP

□□ 16

合
あ
わせる顔
かお
がない

대할 낯이 없다, 면목이 없다

せっかくみんなが助
たす
けてくれたのに仕
し
事
ごと
が失
しっ
敗
ぱい
に終
お
わり、誰
だれ
にも合
あ
わせる顔
かお
がありません。

모처럼 모두가 도와줬는데도 일이 실패로 끝나서, 누구도 대할 낯이 없습니다.

□□ 17

大きな顔をする
젠체하다, 뻐기다

その老人は昔、政界で大活躍をしたことがあって、それで今でも町内で大きな顔をしています。
그 노인은 옛날에 정계에서 대활약을 한 적이 있어서, 그것으로 지금도 동네에서 뻐기고 있습니다.

□□ 18

顔を合わせる
얼굴을 대하다, 만나다

会社の同僚とは毎日顔を合わせるので、よい関係を保つことが大切です。
회사 동료와는 매일 얼굴을 대하기 때문에 좋은 관계를 유지하는 것이 중요합니다.

□□ 19

顔を曇らせる
우울한 얼굴을 하다, 어두운 표정을 하다

店員は、私のクレームを聞いて顔を曇らせました。
점원은 나의 불만을 듣고 어두운 표정을 지었습니다.

□□ 20

顔を直す
지워진 화장을 고치다

トイレでちょっと顔を直してから、相手のオフィスを訪問しました。
화장실에서 잠깐 화장을 고치고 나서 상대의 사무실을 방문했습니다.

□□ 21

顔を汚す
かお よご

명예를 손상시키다

彼は取引先と喧嘩して、紹介した私の顔を汚しました。
かれ とりひきさき けんか しょうかい わたし かお よご

그는 거래처와 싸워, 소개한 나의 명예를 손상시켰습니다.

> **tip** 비슷한 표현으로 「顔に泥を塗る(얼굴에 먹칠을 하다)」와 「顔を潰す(체면을 상하게 하다)」가 있음.

□□ 22

涼しい顔
すず かお

자신과는 무관한 체함, 시치미를 뗌

彼はあんなに人に迷惑をかけておいて、涼しい顔をしています。
かれ ひと めいわく すず かお

그는 그렇게 남에게 폐를 끼쳐 놓고, 시치미를 떼고 있습니다.

□□ 23

まともに顔を合わせられない
かお あ

(부끄러워) 얼굴을 제대로 바라보지 못하다

好きな子の前に出ると、緊張してしまって、まともに顔を合わせられません。
す こ まえ で きんちょう かお あ

좋아하는 사람 앞에 서면 긴장해서 얼굴을 제대로 바라볼 수 없습니다.

UNIT 02 머리 頭

「頭(머리)」는 사람의 몸에서 가장 위에 있는 부분으로 뇌를 포함하고 있습니다. 그래서 머리는 '두뇌'나 '사고력', '이성', '사고방식' 등의 뜻을 나타냅니다. 또한, 몸의 각 부분에 대해 말할 때 가장 위에 있는 머리부터 얘기하기 때문에, 머리는 '시작 부분'이나 '선두'를 나타내기도 합니다.

필수 표현

□□ 01

頭が上がらない
은혜를 입어 떳떳하지 못하다, 고개를 들 수 없다

先生にはいろいろお世話になっているので、頭が上がりません。
선생님에게는 여러 가지 신세를 지고 있어서 고개를 들 수 없습니다.

□□ 02

頭が痛い
골치 아프다, 골머리를 썩다

子どもたちが言うことを聞かないので頭が痛いです。
아이들이 말을 듣지 않기 때문에 골치가 아픕니다.

UNIT 02 머리　017

☐☐ 03

頭が固い

융통성이 없다, 생각이 유연하지 못하다

彼は頭が固くて、新しい考え方や仕事の仕方をなかなか受け入れません。
그는 융통성이 없어서 새로운 사고방식이나 일의 방법을 좀체 받아들이지 않습니다.

☐☐ 04

頭が切れる

머리 회전이 빠르다

私の上司は頭が切れる人ですが、部下への配慮も怠りません。
나의 상사는 머리 회전이 빠른 사람이지만 부하에 대한 배려도 소홀하지 않습니다.

☐☐ 05

頭が低い

겸손하다

彼は有能で社会的に成功しているにもかかわらず、誰に対しても頭が低いです。
그는 유능하고 사회적으로 성공했음에도 불구하고, 누구를 대하더라도 겸손합니다.

> **tip** 비슷한 표현으로「腰が低い(겸손하다)」가 있음.

☐☐ 06

頭が古い

사고방식이 낡다, 보수적이다

彼は頭が古くて、いまだに女性は結婚したら家庭を守るべきだと考えています。
그는 사고방식이 보수적이라, 아직까지 여성은 결혼하면 가정을 지켜야만 한다고 생각하고 있습니다.

□□ 07

頭に入れる
제대로 기억하다

勉強において大事なことは、どれだけ必要な内容をもれなく頭に入れるかです。
공부에 있어서 중요한 것은, 얼마만큼 필요한 내용을 빠짐없이 제대로 기억하는가 입니다.

□□ 08

頭に浮かぶ
머릿속에 그려지다, 어떤 생각이 떠오르다

頭に浮かんだアイデアは、その場でメモをしないとすぐ忘れてしまいますよ。
머리에 떠오른 아이디어는 그 자리에서 메모를 하지 않으면 금방 잊어버려요.

□□ 09

頭に置く
염두에 두다, 고려하다

上司の忠告を頭に置いて仕事をすれば、もう少しうまくいくと思いますよ。
상사의 충고를 염두에 두고 일을 하면, 좀 더 잘할 수 있을 거에요.

☐☐ 10

頭に来る
화가 나다

彼の誠意のない態度には、本当に頭に来てしまいます。
그의 성의 없는 태도에는 정말로 화가 납니다.

☐☐ 11

頭に血が上る
흥분하다, 울컥하다

彼は話しているうちに頭に血が上ってきて、相手を罵り始めました。
그는 이야기하고 있는 도중에 흥분해서 상대를 욕하기 시작했습니다.

☐☐ 12

頭を抱える
머리를 감싸쥐다, 고민하다

雇用難が深刻化している一方で、人材確保に頭を抱えている職種もあります。
고용난이 심각해지고 있는 한편, 인재 확보에 고민하고 있는 직종도 있습니다.

☐☐ 13

頭を下げる
머리를 숙이다, 사과하다

敵に頭を下げるには、忍耐と寛容が要ります。
적에게 사과하려면 인내와 관용이 필요합니다.

□□ 14

頭あたまを絞しぼる
지혜를 짜내다

どうしたらこの状況じょうきょうを打開だかいできるか、ない頭あたまを絞しぼって考かんがえています。
어떻게 하면 이 상황을 타개할 수 있을지, 없는 머리를 짜서 생각하고 있습니다.

□□ 15

頭あたまを使つかう
머리를 쓰다

安易あんいにお金かねや人ひとの助たすけに頼たよるのでなく、頭あたまを使つかって問題もんだいを解決かいけつすべきです。
안이하게 돈이나 남의 도움에 의지하는 것이 아니라 머리를 써서 문제를 해결해야 합니다.

□□ 16

頭あたまを悩なやます
고심하다

物価ぶっかは上あがっても収入しゅうにゅうは上あがらないので、家計かけいのやりくりに頭あたまを悩なやましています。
물가는 올라도 수입은 오르지 않아서 가계를 꾸려가는데 고심하고 있습니다.

□□ 17

頭あたまを冷ひやす
흥분을 가라앉히고 냉정해지다

昨日はカッとなってしまいましたが、頭を冷やして考え直したら、私が悪かったと気が付きました。
어제는 화를 냈지만 흥분을 가라앉히고 다시 생각해보니, 내가 나빴다고 깨달았습니다.

표현 UP

☐☐ **18**

頭隠して尻隠さず

죄나 결점의 일부만 감추고는 전부 감춘 것으로 여기는 어리석음을 조롱하는 말

指紋は消しても髪の毛を残すなんて、その泥棒は頭隠して尻隠さずですね。
지문은 지워도 머리카락은 남기다니, 그 도둑은 어리석네요.

☐☐ **19**

頭が下がる

감복하다, 존경스럽다

学生たちの努力する姿を見ると、頭が下がります。
학생들의 노력하는 모습을 보면 존경스럽습니다.

☐☐ **20**

頭から水を浴びたよう

뜻밖의 일을 당하여 질겁하는 모양

原子力発電所が爆発する映像を見て、頭から水を浴びたような衝撃に震えました。
원자력발전소가 폭발하는 영상을 보고, 뜻밖에 너무 놀라 충격에 떨었습니다.

☐☐ 21

頭から湯気を立てる

몹시 화를 내다

祖父は新聞を読みながら、頭から湯気を立てて怒っています。
할아버지는 신문을 보시면서 몹시 화를 내고 계십니다.

☐☐ 22

頭の上のハエを追う

남의 일에 참견하기 전에 먼저 자기 처신을 살피다

他の人のやることに何だかんだ言ってないで、自分の頭の上のハエを追ったらどうですか。
남이 하는 일에 이렇다 저렇다 참견하지 말고, 자신의 처신을 먼저 살피면 어떻습니까?

☐☐ 23

頭の天辺から足の爪先まで

머리끝부터 발끝까지, 몸 전체

その男は私を頭の天辺から足の爪先まで、じろじろと眺めました。
그 남자는 나를 머리끝부터 발끝까지 빤히 바라봤습니다.

☐☐ 24

頭の中が白くなる

머릿속이 새하얘지다, 아무것도 생각할 수 없다

大勢の人たちの前に立った時、緊張して頭の中が白くなってしまいました。
많은 사람들 앞에 섰을 때, 긴장해서 아무것도 생각할 수 없었습니다.

☐☐ 25 ----

頭をおさえる
휘어잡다, 남의 행동이나 말을 지배하다

子どもの頭をおさえることなく、伸び伸びと成長できるよう教育すべきです。
아이를 휘어잡지 않고, 구김살 없이 성장할 수 있도록 교육해야 합니다.

☐☐ 26 ----

頭を掻く
부끄럽거나 쑥스러워 머리를 긁적이다

彼は道で転んで起き上がった後、恥ずかしそうに頭を掻いていました。
그는 길에서 넘어져서 일어난 후, 부끄러운 듯이 머리를 긁적였습니다.

☐☐ 27 ----

頭を切り替える
마음을 새롭게 하다

さあ、早く頭を切り替えて次の課題に取り掛かりましょう。
자, 빨리 마음을 새롭게 하고 다음 과제에 착수합시다.

☐☐ 28 ----

頭をはねる
남의 몫의 일부를 가로채다

彼がやっている仕事は、言ってみれば人に働かせて頭をはねるようなものです。
그가 하고 있는 일은 말하자면 남에게 일을 시켜서 그 몫을 가로채는 것입니다.

□□ 29

頭を捻る

여러가지로 생각을 짜내다, 궁리하다

この問題はいくら頭を捻って考えても答えが分かりません。
이 문제는 아무리 생각을 짜내도 답을 모르겠습니다.

□□ 30

頭を丸める

머리를 깎다, 출가해 중이 되다

彼は奥さんを失ったことを期に、頭を丸めて寺に入ってしまいました。
그는 아내를 잃은 것을 계기로 머리를 깎고 중이 되어 절에 들어가 버렸습니다.

□□ 31

頭をもたげる

고개를 쳐들다, 대두하다

20世紀後半に頭をもたげてきた環境問題は、いよいよ深刻な状況になってきています。
20세기 후반에 대두되어 온 환경문제는 점점 심각한 상태가 되었습니다.

UNIT 03 눈 目

「目(눈)」의 기본적인 기능은 사물을 보는 것입니다. 그래서 눈은 '시각'과 관련된 표현이 많습니다. 눈은 '시선'의 뜻을 나타내기도 하고 또, 사물을 보고 분별하는 '안목'의 뜻을 나타내기도 합니다.

필수 표현

☐☐ 01 ------

痛い目に合う
따끔한 맛을 보다, 쓰라린 경험을 하다

彼は一度痛い目に合わないと、自分のやっていることが分からないと思います。
그는 한번 따끔한 맛을 보지 않으면 자신이 하고 있는 일을 모를 겁니다.

☐☐ 02 ------

大目に見る
관대하게 봐주다

今回の失敗だけは大目に見ていただけますか。
이번 실패만은 관대하게 봐 주실 수 있나요?

□□ 03 ----

長[なが]い目[め]で見[み]る
긴 안목으로 보다

長[なが]い目[め]で見[み]ると、原子力発電所[げんしりょくはつでんしょ]は多大[ただい]な費用[ひよう]が掛[か]かります。
긴 안목으로 보면 원자력발전소는 크나큰 비용이 듭니다.

□□ 04 ----

目[め]が肥[こ]える
사물을 보는 눈이 높다, 안목이 높다

あの評論家[ひょうろんか]は絵[え]に目[め]が肥[こ]えているので、月並[つきな]みな絵[え]をあげては喜[よろこ]んでくれません。
그 평론가는 그림을 보는 눈이 높기 때문에, 평범한 그림을 주어서는 기뻐해주지 않습니다.

□□ 05 ----

目[め]が高[たか]い
눈이 높다, 안식이 높다

この焼[や]き物[もの]のよさが分[わ]かるなんて、目[め]が高[たか]いですね。
이 도자기의 좋은 점을 알다니 안목이 높군요.

□□ 06 ----

目[め]が届[とど]く
주의·감독이 고루 미치다

子[こ]どもを親[おや]の目[め]が届[とど]かないところで遊[あそ]ばせるのは危険[きけん]です。
어린이를 부모의 감독이 미치지 않는 곳에서 놀게 하는 것은 위험합니다.

□□ 07

目が ない
매우 좋아하다

私の父はポテトチップスに目がありません。
우리 아버지는 포테이토칩을 매우 좋아합니다.

□□ 08

目が回る
①현기증이 나다　②매우 바쁘다

① 彼女は椅子から立ち上がった瞬間、くらくらっと目が回りました。
그녀는 의자에서 일어난 순간, 어질어질 현기증이 났습니다.

② ここ数日間、目が回るほど忙しいです。
최근 요 며칠 매우 바쁩니다.

□□ 09

目に余る
묵과할 수 없다, 잠자코 있을 수 없다

彼の横柄な態度には、目に余るものがあります。
그의 무례한 태도는 묵과할 수 없습니다.

□□ 10

目に障る
눈에 거슬리다

彼の何でも知っているような態度がどうしても目に障ります。
그의 무엇이든 다 알고 있다는 듯한 태도가 아무리 해도 눈에 거슬립니다.

☐☐ 11

目にする
보다

ミョンドンに行った時、韓国語で道を尋ねている日本人旅行者を目にしました。
명동에 갔을 때 한국어로 길을 묻고 있는 일본인 여행자를 봤습니다.

☐☐ 12

目に入る
보이다, 눈에 들어오다

通りを歩いていた時、ふと風変わりな看板が目に入りました。
길을 걷고 있었을 때 갑자기 색다른 간판이 눈에 들어왔습니다.

☐☐ 13

目を疑う
눈을 의심하다

普段温和な人の書いた辛らつな文章に、一瞬目を疑いました。
평소 온화한 사람이 쓴 신랄한 문장에 순간 눈을 의심했습니다.

☐☐ 14

目を付ける
눈여겨 보다, 예의 주시하다

税務署は、あの会社が脱税をしている可能性に目を付けていました。
세무서는 그 회사가 탈세를 하고 있을 가능성을 예의 주시하고 있었습니다.

☐☐ 15

目をつぶる
묵인하다, 못 본 체하다

部長は、私が仕事でちょっとしたミスをしたことに目をつぶってくれました。
부장님은 내가 일에서 사소한 실수를 한 것을 묵인해 주었습니다.

☐☐ 16

目を通す
대강 훑어보다

彼はいつも、膨大な資料に目を通した上で報告書を作成します。
그는 항상 방대한 자료를 대강 훑어본 후에 보고서를 작성합니다.

☐☐ 17

目を引く
눈길을 끌다

目を引く看板をデザインするのは、易しいことではありません。
눈길을 끄는 간판을 디자인하는 것은 쉬운 일이 아닙니다.

표현 UP

☐☐ 18

鬼の目にも涙
무자비한 사람도 때로는 자비심이 생겨 눈물을 흘림

A あの冷徹な社長が、被災地のニュースを見て涙ぐんでましたよ。
저 냉철한 사장님이 재해 지역 뉴스를 보고 눈물을 머금었어요.

B へえ、鬼の目にも涙ですね。
허, 무자비한 사람도 때로는 눈물을 흘리는군요.

□□ 19

白い目で見る

백안시하다, 남을 업신여기거나 무시하다

彼が問題発言をした後、彼女とその仲間たちは彼を白い目で見ています。
그가 문제 발언을 한 후, 그녀와 그 무리들은 그를 백안시하고 있습니다.

□□ 20

目が利く

분별력이 있다, 감식하는 눈이 있다

この貨幣が本物かどうか、目が利く人に一度見てもらった方がいいんじゃないですか。
그 화폐가 진짜인지 아닌지, 구별할 수 있는 사람에게 한번 보여주는 것이 좋지 않을까요?

□□ 21

目が眩む

눈이 뒤집히다, 마음을 빼앗겨 판단력을 잃다

彼は、お金に目が眩んで友人を裏切りってしまいました。
그는 돈에 눈이 뒤집혀 친구를 배신해 버렸습니다.

□□ 22

目が据わる

(술에 취하거나 화가 나서) 눈동자가 한 곳을 바라보며 움직이지 않다

本人はまだ酔ってないって言ってるけれど、もう目が据わってますよ。
본인은 아직 취하지 않았다고 말하지만, 벌써 눈이 한 곳을 바라보며 움직이지 않고 있어요.

□□ 23

目が散る

마음이 진정되지 않고 시선이 여러가지 것에 향하다

図書館へ行くと、書架の本の魅力的な背表紙に目が散って、勉強に集中できません。
도서관에 가면 서가의 책의 매력적인 책등에 시선이 향해서, 공부에 집중할 수 없습니다.

□□ 24

目が点になる

깜짝 놀라다

彼の話を聞いて、一瞬目が点になりました。
그의 이야기를 듣고, 순간 깜짝 놀랐습니다.

□□ 25

目と鼻の先

엎어지면 코 닿을 데, 매우 가까운 거리

徳寿宮は、ソウル市役所の目と鼻の先にあります。
덕수궁은 서울 시청에서 엎어지면 코 닿을 곳에 있습니다.

□□ 26

目に浮かぶ

실제로 보는 것처럼 머릿속에 그려지다

このプレゼントを前に喜ぶ息子の姿が目に浮かびます。
이 선물을 앞에 두고 기뻐할 아들의 모습이 머릿속에 그려집니다.

□□ 27

目に角を立てる

몹시 화가 나서 노려보다

周りの人たちがやることに、彼女はいちいち目に角を立てているので、みんなは仕事がしにくいです。
주변 사람들이 하는 일에 그녀는 일일이 화를 내며 노려보고 있기 때문에 모두 일을 하기 어렵습니다.

tip 비슷한 표현으로「目くじらを立てる(무섭게 노려보다)」가 있음.

□□ 28

目に付く

눈에 띄다, 두드러지다

覚えたいことは目に付くところに貼っておくといいですよ。
기억하고 싶은 것은 눈에 띄는 곳에 붙여 두면 좋아요.

□□ 29

目にも留まらぬ

몹시 빠른 모양

猫は目にも留まらぬ速さで魚をくわえると、さっと逃げてしまいました。
고양이는 아주 빠른 속도로 생선을 물고 재빨리 도망가버렸습니다.

□□ 30

目に物言わす

눈빛이나 눈짓으로 기분을 전하다

父親は目に物言わして子どもを黙らせました。
아버지는 눈짓으로 기분을 전하고 아이를 조용히 시켰습니다.

□□ 31

目に物見せる

본때를 보여주다, 뼈저리게 느끼게 하다

今度の試合では絶対あのチームに勝って、目に物見せてやります。
이번 시합에서는 저 팀에게 꼭 이겨서 본때를 보여주겠습니다.

□□ 32

目の色を変える

(화나거나 놀라) 눈빛이 변하다

隣の家のおやじは、自分の娘がうちの息子と付き合っていることを知り、目の色を変えて怒鳴り込んできました。
이웃집 아저씨는 자신의 딸이 우리 아들과 사귀는 것을 알고, 눈빛이 변해 호통을 치며 쳐들어왔습니다.

☐☐ 33

目(め)の上(うえ)のこぶ

눈엣가시

彼女(かのじょ)にとって、あのライバルは目(め)の上(うえ)のこぶに違(ちが)いありません。
그녀에게 있어 저 라이벌은 눈엣가시임에 틀림없습니다.

tip 「目(め)の上(うえ)のたんこぶ」라고도 함.

☐☐ 34

目(め)を皿(さら)のようにする

(놀라거나 물건을 찾느라) 눈을 크게 뜨다, 눈이 등잔만 하다

彼女(かのじょ)は洗面所(せんめんじょ)で目(め)を皿(さら)のようにしてコンタクトレンズを探(さが)しています。
그녀는 세면장에서 눈을 크게 뜨고 콘택트렌즈를 찾고 있습니다.

☐☐ 35

目(め)を丸(まる)くする

놀라서 눈을 크게 뜨다, 눈이 휘둥그레지다

私(わたし)の話(はなし)を聞(き)いて、彼(かれ)は目(め)を丸(まる)くして驚(おどろ)きました。
나의 이야기를 듣고 그는 놀라서 눈이 휘둥그레졌습니다.

UNIT 03 눈

UNIT 04 코 鼻

「鼻(코)」는 냄새를 맡는 기관입니다. 그래서 코에는 일차적으로 '후각'과 관련된 관용구가 있습니다. 또 이와 달리 '자랑스러움'이나 '오만함'을 나타내는 표현도 있습니다.

필수 표현

☐☐ 01

鼻が高い
우쭐하다, 자랑스럽다

君が立派な人間に成長して、私も鼻が高いよ。
네가 훌륭한 인간으로 성장해서 나도 자랑스럽다.

☐☐ 02

鼻に掛ける
자랑하다, 내세우다

彼女は自分の家がお金持ちだということを鼻に掛けています。
그녀는 자신의 집이 부자인 것을 자랑하고 있습니다.

03

鼻に付く
질려서 싫어지다, 진저리가 나다

彼の高慢な態度が鼻に付きます。
그의 교만한 태도가 질립니다.

04

鼻の下が長い
여자에게 무르다, 여자에게 잘 빠지다

あいつは鼻の下が長いから、気を付けた方がいいよ。
그 녀석은 여자에게 무르기 때문에 주의하는 게 좋아.

> **tip** 비슷한 표현으로「鼻の下を伸ばす(여자에게 무르다)」가 있음.

05

鼻を折る
콧대를 꺾다

いつかあの自分はお嬢様だからって威張っている彼女の鼻を折ってやりたいですね。
언젠가 자신은 좋은 집안의 딸이라며 뽐내는 그녀의 콧대를 꺾어 버리고 싶어요.

> **tip** 비슷한 표현으로「鼻っ柱を圧し折る(콧대를 꺾다)」가 있음.

06

鼻を高くする
우쭐거리다, 의기양양하다

息子の大学合格に、父親は鼻を高くしています。
아들의 대학 합격에 아버지는 의기양양하고 있습니다.

☐☐ 07 --------

鼻を突く

냄새가 코를 찌르다, 냄새가 강하다

部屋に入った時、薬のような匂いが鼻を突きました。
방에 들어갔을 때 약 냄새같은 것이 코를 찔렀습니다.

tip 비슷한 표현으로「鼻を打つ(냄새가 코를 찌르다)」가 있음.

표현 UP

☐☐ 08 --------

鼻息が荒い

기세가 강하다

彼は自分の企画に自信があると見えて、ずいぶん鼻息が荒いですね。
그는 자신의 기획에 자신이 있어 보이고, 꽤 기세가 강하군요.

☐☐ 09 --------

鼻であしらう

상대하지 않고 냉담하게 대하다, 콧방귀를 뀌다

彼に勉強を教えてほしいと頼んだら、「他の人に頼んでください」と鼻であしらわれてしまいました。
그에게 공부를 가르쳐 달라고 부탁했더니, 「다른 사람에게 부탁하세요」라고 냉담하게 대했습니다.

☐☐ 10 ----

鼻で笑う
코웃음치다, 몹시 깔보다

私の意見を彼は鼻で笑いました。
나의 의견을 그는 몹시 깔보았습니다.

☐☐ 11 ----

鼻の下を伸ばす
여자에게 무르다, 여자에게 정신이 나가다

あの先生は、私と話す時とは違い、彼女と話す時は鼻の下を伸ばしています。
저 선생님은 나와 이야기를 할 때와는 달리, 그녀와 이야기할 때는 얼이 빠진 듯한 표정을 하고 있습니다.

> **tip** 비슷한 표현으로「鼻の下が長い(여자에게 무르다)」가 있음.

☐☐ 12 ----

鼻を明かす
남을 속이거나 앞질러 깜짝 놀라게 하다

なぜ英語をこんなに勉強しているかというと、ライバルに勝って鼻を明かしてやりたいからです。
왜 영어를 이렇게 공부하고 있냐면, 라이벌을 이겨서 놀라게 하고 싶기 때문입니다.

☐☐ 13

鼻を鳴らす
코 먹은 소리를 내다, 아양을 떨다

娘は父親に、デートで着る服を買ってと鼻を鳴らしています。
딸은 아버지에게 데이트에 입을 옷을 사달라고 아양을 떨고 있습니다.

UNIT 05 입口

「口(입)」의 주요한 두 가지 기능은 먹는 것과 말하는 것입니다. 그래서 입이 들어가는 관용구도 이 두 가지에 관한 것들이 대부분을 차지하고 있습니다.

필수 표현

□□ 01

口がうまい
말솜씨가 좋다, 말솜씨로 사람을 잘 구슬리다

彼は口がうまいから、乗せられないように注意した方がいいよ。
그는 말솜씨가 좋기 때문에 속지 않도록 주의하는 게 좋아.

□□ 02

口がうるさい
말이 많아 성가시다

姉は優しい性格なんだけど、口がうるさいところが問題です。
누나는 온순한 성격이지만 말이 많아서 성가신 점이 문제입니다.

□□ 03

口が重い
과묵하다, 말수가 적다

彼は口が重い上に社交辞令はほとんど言わないので、変わり者扱いされています。
그는 말수가 적은 데다가 빈말을 거의 하지 않기 때문에 괴상한 사람 취급을 받고 있습니다.

□□ 04

口が堅い
입이 무겁다

彼は口が堅いので、この仕事を任せても安心です。
그는 입이 무겁기 때문에, 이 일을 맡겨도 안심입니다.

□□ 05

口が軽い
입이 가볍다

彼女は口が軽いから、秘密を打ち明けたらもうおしまいですよ。
그녀는 입이 가볍기 때문에 비밀을 털어 놓으면 그걸로 끝장이에요.

□□ 06

口が過ぎる
말이 지나치다, 말하지 말아야 할 것까지 말하다

彼女の作品が何の価値もないなんて、ちょっと口が過ぎるんじゃありませんか。
그녀의 작품이 아무런 가치도 없다니, 말이 조금 지나치지 않나요?

☐☐ 07

口が酸っぱくなる
(같은 말을 몇 번이나 반복해서) 입에서 신물이 나다

その方法ではうまくいかないと口が酸っぱくなるほど言ったのに、彼は自分のやり方を押し通して結局失敗してしまいました。
그 방법으로는 잘 되지 않을거라고 입에서 신물이 날 정도로 말했는데, 그는 자신의 방법을 끝까지 밀고 나가 결국 실패하고 말았습니다.

☐☐ 08

口が滑る
입을 잘못 놀리다, 말해선 안 되는 것을 말해버리다

うっかり口が滑って秘密をしゃべってしまいました。
무심코 입을 잘못 놀려서 비밀을 말해버렸습니다.

☐☐ 09

口が悪い
입이 걸다, 말을 함부로 하다

彼は人はいいんだけど口が悪いから、人とよく喧嘩してしまうんです。
그는 사람은 좋지만 입이 걸기 때문에, 사람들과 자주 싸움을 합니다.

☐☐ 10

口車に乗る
감언이설에 속다

あんな男の口車に乗ると、財産を騙し取られるかもしれませんよ。
그런 남자의 감언이설에 속으면 재산을 전부 털릴지도 몰라요.

UNIT 05 입 | **043**

☐☐ 11

口に合う
입맛에 맞다

お料理、口に合いますか。
요리가 입에 맞으시나요?

☐☐ 12

口にする
① 먹다 ② 말하다

① その料理を初めて口にした時は、辛くて死ぬかと思いました。
그 요리를 처음 먹었을 때는 매워서 죽는 줄 알았습니다.

② 彼女は自分の家族のことを口にしたことがありません。
그녀는 자신의 가족에 대해서 말한 적이 없습니다.

☐☐ 13

口に上る
입에 오르다, 화제가 되다

昔は有名だったあのコメディアンの名前も、今では人々の口に上ることもありません。
옛날에는 유명했던 그 코미디언의 이름도, 지금은 사람들의 입에 오르지 않습니다.

☐☐ 14

口に任せる
입에서 나오는 대로 말하다

彼は口に任せてしゃべるので、後で考えると話の合わない部分がたくさんあります。
그는 입에서 나오는 대로 말하기 때문에, 나중에 생각하면 말이 맞지 않는 부분이 많이 있습니다.

□□ 15

口を出す

참견하다

彼の決断について意見を尋ねられても、彼の人生なのだから、私が口を出すことではないと思います。
그의 결단에 대해서 의견을 물어도, 그의 인생이기 때문에 내가 참견을 할 것은 아니라고 생각합니다.

tip 비슷한 표현으로「口出しをする(참견을 하다)」가 있음.

표현 UP

□□ 16

口が裂けても

(무슨 일이 있어도) 절대 말할 수 없음

そんなこと、口が裂けても言えません。
그런 말은 절대로 할 수 없습니다.

tip 비슷한 표현으로「口が腐っても(절대 말할 수 없음)」가 있음.

☐☐ 17

口が達者
くち たっしゃ

말재간이 좋음

彼は口が達者だから、彼に交渉役を務めさせたらどうですか。
그는 말재간이 좋으니까 그에게 교섭 역할을 맡기면 어떻습니까?

☐☐ 18

口が干上がる
くち ひ あ

입에 풀칠을 못하다, 생계가 어려워지다

商売は順調ですので、景気の変動はあっても口が干上がることはないでしょう。
장사는 순조롭기 때문에 경기 변동은 있어도 생계가 어려워지는 일은 없을 것입니다.

☐☐ 19

口を利く
くち き

말하다, 이야기하다

彼と喧嘩をした後、もう１か月もの間口を利いていません。
그와 싸움을 한 후, 한달 동안이나 얘기하지 않고 있습니다.

☐☐ 20

口をそろえる
くち

여러 사람이 동시에 같은 말을 하다, 이구동성으로 말하다, 입을 모아 말하다

学生たちは口をそろえて、テストよりレポートの方がいいと言いました。
학생들은 입을 모아 테스트보다 리포트가 좋다고 말했습니다.

□□ 21

口を噤む
입을 다물다

彼女は口を噤んだまま、何も話しませんでした。
그녀는 입을 다문 채 아무 말도 하지 않았습니다.

□□ 22

口を尖らせる
입을 삐죽 내밀다

娘に忠告しようと思って、「さっきのことだけど」と言いかけたとたん、口を尖らせてぷいっと部屋に入ってしまいました。
딸에게 충고하려고 '좀 전의 일 말인데'라고 이야기를 시작하자마자, 입을 삐죽 내밀고 휙하고 방에 들어가 버렸습니다.

UNIT 06 귀 耳

「耳(みみ)(귀)」는 소리를 듣는 기관입니다. 그래서 귀가 쓰인 관용구 또한 '청각'과 관련된 것들이 대부분인데, 특히 말이나 이야기를 듣는 것과 관련된 표현들이 대부분을 차지하고 있습니다.

필수 표현

☐☐ 01

耳(みみ)が痛(いた)い
남의 말이 자신의 약점을 찔러 듣기 괴롭다

仕事(しごと)の仕方(しかた)に対(たい)する上司(じょうし)の指摘(してき)は耳(みみ)の痛(いた)いものでしたが、忠実(ちゅうじつ)に従(したが)った結果(けっか)、成績(せいせき)を上(あ)げることができました。
일하는 방법에 대한 상사의 지적은 듣기 괴로운 것이었지만, 충실히 따른 결과, 실적을 올릴 수 있었습니다.

☐☐ 02

耳(みみ)が早(はや)い
소리나 소문 등을 듣는 것이 빠르다

私(わたし)の昇進(しょうしん)の話(はなし)をもう知(し)っているんですか。ずいぶん耳(みみ)が早(はや)いですね。
저의 승진 이야기를 벌써 알고 있습니까? 꽤 소식이 빠르네요.

048　PART 01　사람의 얼굴

☐☐ 03 --

耳に障る
귀에 거슬리다

一言話すたびに「ふふ」と含み笑いする彼女の癖が、どうしても耳に障ります。
한 마디 말할 때 마다 「후후」하고 소리 없이 웃는 그녀의 버릇이 아무래도 귀에 거슬립니다.

tip 비슷한 표현으로 「耳障りだ(귀에 거슬리다)」가 있음.

☐☐ 04 --

耳にする
듣다

さっき社員食堂で、うちの会社がライバル社と合併するらしいという話を耳にしました。
좀 전에 회사 식당에서 우리 회사가 라이벌 회사와 합병할 것 같다는 이야기를 들었습니다.

☐☐ 05 --

耳にたこができる
귀에 못이 박히다

父の自慢話は、耳にたこができるほど何度も聞きました。
아버지의 자랑은 귀에 못이 박힐 정도로 몇 번이나 들었습니다.

☐☐ 06 --

耳に付く
귀에서 떠나지 않다

アルバイト先で流れていたうるさい音楽が耳に付いて離れません。
아르바이트 하는 곳에서 흐르던 시끄러운 음악이 귀에서 떠나지 않습니다.

☐☐ 07

耳に残る

음성이나 소리가 잊혀지지 않다

彼が最後に叫んだ「助けて」という声が、今でも耳に残っています。
그가 마지막에 외친 「구해줘」라는 소리가 지금도 잊혀지지 않습니다.

☐☐ 08

耳に入る

① 들리다 ② 소리·소문 등이 들려오다

① 勉強に集中していて、母の呼ぶ声が耳に入りませんでした。
공부에 집중하고 있어서 엄마가 부르는 소리가 들리지 않았습니다.

② 今日学校であったことが父の耳に入ったら、ものすごく叱られそうです。
오늘 학교에서 있었던 일을 아버지가 알면 호되게 혼날 것 같습니다.

☐☐ 09

耳を疑う

귀를 의심하다

「別れましょう」という彼女の突然の言葉に、僕は一瞬耳を疑いました。
「헤어져요」라는 그녀의 갑작스러운 말에 나는 순간 귀를 의심했습니다.

☐☐ 10

耳を傾ける
귀를 기울이다, 남의 이야기나 의견에 관심을 주다

親の考えを一方的に押し付けないで、子どもの言葉にも耳を傾けた方がいいですよ。
부모의 생각을 일방적으로 강요하지 말고, 아이의 말에도 귀를 기울이는 것이 좋아요.

☐☐ 11

耳を澄ます
귀를 기울여 듣다, 집중해서 듣다

車のエンジンを止めて耳を澄ますと、周囲から鳥のさえずりや風のそよぐ音が聞こえてきました。
차의 엔진을 멈추고 귀를 기울이자, 주위에서 새의 지저귐이나 바람의 살랑거리는 소리가 들려왔습니다.

표현 UP

☐☐ 12

聞く耳を持たない
상대의 말을 들을 마음이 없다

父は子どもたちの言葉に一切聞く耳を持ちません。
아빠는 아이들의 말을 전혀 들을 마음이 없습니다.

□□ 13

小耳に挟む
こみみ　はさ

언뜻 듣다

来月から新しい先生が来るらしいという話を小耳に挟みました。
らいげつ　　あたら　　　せんせい　　　く　　　　　　　　　はなし　こみみ　はさ

다음 달부터 새로운 선생님이 오신다는 이야기를 언뜻 들었습니다.

□□ 14

寝耳に水
ねみみ　みず

아닌 밤중에 홍두깨

私たちの担任の先生が今月付けで転勤されるという話は、まったく寝耳に水でした。
わたし　　たんにん　せんせい　こんげつづ　　　てんきん　　　　　　　　　はなし　　　　　　　　　　ねみみ　みず

우리들의 담임 선생님이 이번 달 부로 전근가게 되셨다는 이야기는 정말 아닌 밤중에 홍두깨였습니다.

□□ 15

耳が汚れる
みみ　けが

더럽거나 불쾌한 이야기를 듣고 기분이 나빠지다

そんないやらしい話、しないでください。耳が汚れます。
はなし　　　　　　　　　　　　　　　みみ　けが

그런 징그러운 이야기, 하지 말아 주세요. 기분 나빠요.

□□ 16

耳が肥える
みみ　こ

음악 등을 듣고 감상하는 능력이 풍부해지다

あの人は耳が肥えているから、平凡な音楽じゃ喜ばないと思いますよ。
ひと　みみ　こ　　　　　　　　　　　へいぼん　おんがく　　よろこ　　　　　おも

저 사람은 음악을 감상하는 능력이 풍부하기 때문에, 평범한 음악으로는 만족하지 않을 거에요.

☐☐ 17

耳が遠い
귀가 어둡다, 귀가 잘 들리지 않다

祖母は年を取ってだんだん耳が遠くなってきました。
할머니는 연세가 드셔서 점점 귀가 어두워지셨습니다.

☐☐ 18

耳に入れる
들어서 알다, 언뜻 듣다

今日は取引先でいい話を耳に入れました。
오늘은 거래처에서 좋은 이야기를 들었습니다.

☐☐ 19

耳に留まる
귀가 솔깃해지다, 들은 내용이 신경이 쓰이다

彼の投げかけた一言が、その学者の耳に留まりました。
그가 던진 한마디에 그 학자의 귀가 솔깃해졌습니다.

☐☐ 20

耳に留める
귀담아듣다, 듣고 기억하다

その話は大事そうだったので、耳に留めておきました。
그 이야기는 중요한 것 같았기 때문에 귀담아들어 두었습니다.

☐☐ 21

耳を貸す
상대의 이야기를 듣다

うちの子は父親の言うことにちっとも耳を貸そうとしないんです。
우리 아이는 아빠가 하는 말을 조금도 들으려고 하지 않습니다.

☐☐ 22

耳をそろえる
전액을 모자람없이 준비하다

貸してくださったお金は、来週までに耳をそろえて全額お返しします。
빌려주신 돈은 다음 주까지 모자람 없이 준비해서 전액 갚겠습니다.

☐☐ 23

耳をつんざく
귀청이 떨어질 만큼 소리가 크다

戦闘機が１機、耳をつんざくような音を立てて頭上を通り過ぎて行きました。
전투기 1대가 귀청이 떨어질 듯한 소리를 내며 머리 위로 지나갔습니다.

☐☐ 24

耳を塞ぐ
귀를 막다, 들으려 하지 않다

お客様からのクレームに耳を塞いではいけません。
손님의 불만에 귀를 막아서는 안됩니다.

UNIT 07 이마 額 · 뺨 頬 · 턱 あご

「額(이마)」는 주로 사람의 행동과 관련해서 사용되는 경우가 많은데, '지혜'나 '사고'와 관련된 행동을 나타내는 관용구가 많습니다. 「頬(뺨)」는 감정에 따라 변화가 나타나는 부분으로, '감정'을 나타내는 표현이 많습니다. 「あご(턱)」는 '거만함'이나 '자존심' 등을 나타내는 용법이 눈에 띕니다.

필수 표현

☐☐ 01

額を集める
이마를 맞대다, 여러 사람이 머리를 맞대어 의논하다

役員たちは、どうすれば長引く不況の中で生き残れるかについて、額を集めて相談しました。
임원들은 어떻게 하면 오랜 불황 속에서 살아남을까에 대해서 이마를 맞대고 의논했습니다.

☐☐ 02

額を合わせる
가까이 마주앉다

ギャングたちは、額を合わせて何事かをたくらんでいました。
불량배들은 가까이 마주앉아 무슨 일인가를 꾸미고 있었습니다.

□□ 03

頬を染める

얼굴을 붉히다, 부끄러워서 얼굴이 빨개지다

彼女はたまたま街で僕と会った時、うっすら頬を染めると何も言わずに通り過ぎて行きました。

그녀는 가끔 거리에서 나와 만났을 때, 살짝 얼굴을 붉히고는 아무 말도 하지 않고 지나쳐 갔습니다.

□□ 04

頬をつねる

볼을 꼬집다

私が採用されたことが信じられなくて頬をつねってみたけれど、痛かったので夢ではないと分かりました。

내가 채용되었다는 것을 믿을 수 없어서 볼을 꼬집어 봤는데, 아픈 것을 보니 꿈이 아니라는 것을 알았습니다.

tip 「頬っぺたをつねる」라고도 함.

□□ 05

頬を膨らませる

불만스런 얼굴을 하다, 뽀로통해지다

先生に忠告されている間、その子はずっと黙って俯いたまま頬を膨らませていました。

선생님에게 충고를 듣고 있는 동안, 그 아이는 줄곧 입을 다물고 고개를 숙인 채 뽀로통해 있었습니다.

tip 「頬っぺたを膨らませる」라고도 함.

☐☐ 06 ----

あごで使(つか)う
거만한 태도로 사람을 부리다

あの人(ひと)は従業員(じゅうぎょういん)をあごで使(つか)うから本当(ほんとう)に嫌(いや)です。
그 사람은 종업원을 거만한 태도로 부리기 때문에 정말로 싫습니다.

☐☐ 07 ----

あごを出(だ)す
몹시 지치다, 기진맥진하다

トラックを3週走(しゅうはし)っただけで、もうあごを出(だ)しちゃったんですか。
트랙을 3바퀴 뛴 것 만으로 벌써 기진맥진합니까?

☐☐ 08 ----

あごをなでる
우쭐하다

彼(かれ)は自分(じぶん)のスコアを見(み)て、満足(まんぞく)そうにあごをなでていました。
그는 자신의 점수를 보고, 만족하는 듯 우쭐했습니다.

표현 UP

☐☐ 09 ----

額(ひたい)に汗(あせ)する
땀을 흘리며 열심히 일하다

彼は額に汗して稼いだお金で二人の子どもを大学まで通わせました。
그는 땀흘리며 열심히 일해서 번 돈으로 두 아이를 대학까지 보냈습니다.

□□ 10 ----

頬がゆるむ
기뻐서 싱글벙글하다

彼はアメリカに留学中の娘から来た携帯のメッセージを見て、思わず頬がゆるみました。
그는 미국에 유학 중인 딸에게서 온 휴대전화 메시지를 보고 무심코 싱글벙글 웃었습니다.

□□ 11 ----

ほっぺたが落ちる
아주 맛이 있다, 입에서 살살 녹다

このマドレーヌはほっぺたが落ちるほどおいしいですね。
이 마들렌은 입에서 살살 녹을 정도로 맛있군요.

□□ 12 ----

あごが外れる
(턱이 빠질 정도로) 크게 웃다

彼の連発するギャグに、みんなはあごが外れるほど大笑いをしていました。
그의 계속되는 개그에 모두 턱이 빠질 만큼 크게 웃었습니다.

PART 01 사람의 얼굴

13

あごが干上がる
생계가 몹시 어려워지다

こんなに何か月間も職が得られないと、あごが干上がってしまいます。
이렇게 몇 개월 동안이나 일을 구하지 못하면 생계가 어려워집니다.

UNIT 08 혀舌·이歯

「舌(혀)」를 사용한 관용구로 먼저 떠오르는 것은 역시 '언어'와 관련된 것입니다. 그 다음에 떠오르는 것은 '먹는 것'과 관련된 관용구입니다. 「歯(이)」가 나타내는 뜻은 다양한데, 특히 비유적이거나 상징적인 의미로 쓰이는 관용구들이 많은 것이 특징입니다.

필수 표현

□□ 01

舌が肥える
입이 고급이다

彼は舌が肥えているから、食べ物にはけっこううるさいです。
그는 입이 고급이기 때문에 음식에는 꽤 까다롭습니다.

tip 비슷한 표현으로 「口が肥える(입이 고급이다)」가 있음.

□□ 02

舌が回る
말이 막힘없이 나오다

人前に出て、よくそこまで舌が回りますね。
사람들 앞에 나와서, 잘도 거기까지 막힘없이 말할 수 있군요.

060 PART 01 사람의 얼굴

□□ 03

舌つづみを打つ

입맛을 다시다

私たちは一流シェフが作った豪華な料理に舌つづみを打ちました。
우리들은 일류 요리사가 만든 호화로운 요리에 입맛을 다셨습니다.

□□ 04

舌を出す

① 뒤에서 비웃거나 업신여기다 ② 멋쩍어하다

① 彼女は落第を免除してくれた先生に口では感謝しているけれど、心の中では舌を出しているに違いありません。
그녀는 낙제를 면하게 해 준 선생님에게 말로는 감사하고 있지만, 마음속으로는 비웃고 있음에 틀림없습니다.

② 彼は歌っている途中で間違えてしまい、思わず舌を出しました。
그는 노래하는 도중에 틀려서 엉겁결에 혀를 내밀었습니다.

□□ 05

舌を巻く

혀를 내두르다, 감탄하다

英語科の学生が日本語スピーチで優勝したのには舌を巻きました。
영어과 학생이 일본어 스피치에서 우승한 것에는 혀를 내둘렀습니다.

□□ 06

歯が立たない

당해낼 수 없다, 벅차다

この問題は難しくて、私には歯が立ちません。
이 문제는 어려워 나에게는 벅찹니다.

□□ 07

歯を食いしばる
이를 악물고 견디다

論文を書くのは大変だったけれど、最後まで歯を食いしばって書き終わらせました。
논문을 쓰는 것은 힘들었지만, 마지막까지 이를 악물고 끝까지 썼습니다.

표현 UP

□□ 08

舌の根も乾かぬうちに
입에 침도 채 마르기 전에, 말하자마자

無断欠席はしないと約束した舌の根も乾かないうちにまた無断欠席するなんて、とんでもない学生です。
무단결석은 하지 않겠다고 약속하고 얼마 지나지 않아 다시 무단결석을 하다니, 어처구니 없는 학생입니다.

□□ 09

舌を鳴らす
(경멸, 불만을 나타내며) 혀를 차다

会議中、彼は私の発言に対し、舌を鳴らして露骨に不快感を示しました。
회의 중에 그는 나의 발언에 대해, 불만을 나타내며 노골적으로 불쾌감을 표시했습니다.

□□ 10

奥歯に物が挟まったよう
생각하고 있는 것을 확실히 말하지 않고 어물거림, 석연치 않음

彼は何か言えない事情があるらしく、奥歯に物が挟まったような弁解をするばかりでした。
그는 무언가 말할 수 없는 사정이 있는 것 같이 석연치 않은 변명을 할 뿐이었습니다.

□□ 11

歯が浮く
(아첨하는 모습을 보고) 불쾌한 기분이 되다

彼は社長に歯が浮くようなお世辞を平気で言っていました。
그는 사장님에게 아니꼬운 겉치레 말을 거리낌없이 했습니다.

□□ 12

歯に衣着せぬ
생각한 대로 거침없이 말하다

あのジャーナリストの歯に衣着せぬ発言には、反感を持つ人も多いですが、支持者も多いです。
그 언론인의 거침없는 발언에는 반감을 가진 사람도 많지만, 지지자도 많습니다.

□□ 13

歯の抜けたよう
있어야 할 것이 빠져서 쓸쓸하다

不況のため店をやめてしまう所が多く、商店街は歯の抜けたように
さびしくなってしまいました。
불황 때문에 가게를 접는 곳이 많아, 상점가는 이가 빠진 듯 쓸쓸해져 버렸습니다.

□□ 14

歯の根が合わない
추위나 무서움 때문에 심하게 떨다, 벌벌 떨다

私たちは、寒さと怖さとで歯の根が合いませんでした。
우리들은 추위와 두려움에 벌벌 떨었습니다.

PART 02

사람의 손·발

UNIT 01 손手 | UNIT 02 발足
UNIT 03 손가락指 · 손발톱爪

UNIT 01 손 手

「手(손)」는 다양한 일을 할 수 있는 기관입니다. 그래서 손이 쓰인 관용구 또한 다양한 의미를 가지고 있습니다. 손의 가장 기본적인 기능은 무엇인가를 잡는 일입니다. 그래서 '손에 들다', '만지다'라는 뜻을 나타내기도 하고, '다룬다'는 의미를 갖기도 합니다. 또한 손은 '작업', '처리', '방법', '일손'을 뜻하기도 합니다.

필수 표현

□□ 01

手が空く
손이 비다, 일이 일단락되어 여유가 생기다

手が空いたらこっちの仕事もちょっと手伝ってください。
손이 비면 이쪽 일도 좀 도와주세요.

tip 비슷한 표현으로 「手がすく(짬이 나다)」가 있음.

□□ 02

手が掛かる
손이 많이 가다

教育という仕事は手が掛かるものです。
교육이라는 일은 손이 많이 가는 법입니다.

□□ 03

手が足りない
일손이 부족하다

商売は繁盛していますが、手が足りなくて困っています。
장사는 번창하고 있지만, 일손이 부족해서 곤란합니다.

□□ 04

手が付けられない
어찌할 도리가 없다

彼の学校の成績は、手が付けられないほどひどいものです。
그의 학교 성적은 어찌할 도리가 없을 정도로 심합니다.

□□ 05

手が出ない
자신의 능력으로는 어떻게 할 수 없다

この問題は難しすぎて、私には手が出ません。
이 문제는 너무 어려워서 나는 손을 쓸 수가 없습니다.

□□ 06

手が届く
①손길이 미치다 ②자신의 능력 범위 안에 있다

① **そのカフェは調度品の一つ一つにまで手が届いていて、とてもいい感じでした。**
그 카페는 도구 하나 하나에까지 손길이 미쳐 아주 분위기가 좋습니다.

② この車(くるま)は、とうてい私(わたし)には手(て)が届(とど)きません。
이 자동차는 어떻게 해도 내 능력 밖입니다.

07

手(て)が離(はな)せない
하고 있는 일이 있어서 다른 일을 할 수 없다

今(いま)、忙(いそが)しくて手(て)が離(はな)せないので、他(ほか)の人(ひと)に頼(たの)んでもらえますか。
지금 바빠서 일손을 놓을 수 없으니, 다른 사람에게 부탁해 주시겠어요?

tip 비슷한 표현으로「手(て)が塞(ふさ)がっている(하고 있는 일이 있어서 다른 일을 할 수 없다)」가 있음.

08

手(て)が回(まわ)らない
손이 미치지 못하다, 주의가 미치지 않다

今(いま)は学業(がくぎょう)で忙(いそが)しくて、原稿(げんこう)を書(か)くことまでは手(て)が回(まわ)りません。
지금은 학업에 바빠, 원고를 쓰는 것까지는 손이 미치지 못합니다.

09

手(て)が焼(や)ける
수고가 들다, 번거롭다

うちの夫(おっと)は料理(りょうり)も洗濯(せんたく)もできないので、本当(ほんとう)に手(て)が焼(や)けます。
우리 남편은 요리도 빨래도 못하기 때문에 정말 번거롭습니다.

☐☐ 10 --

手に汗を握る

(흥분과 긴장으로) 손에 땀을 쥐다

映画の後半は手に汗を握るシーンの連続でした。
영화 후반은 손에 땀을 쥐는 장면의 연속이었습니다.

☐☐ 11 --

手に余る

힘에 겹다, 자신의 능력 밖이라 대처가 어렵다

彼の自分勝手な態度は私たちの手に余ります。
그의 제멋대로인 태도는 우리들의 힘에 부칩니다.

> **tip** 비슷한 표현으로「手に合わない, 手に負えない(힘에 겹다)」가 있음.

☐☐ 12 --

手に入れる

입수하다, 손에 넣다

前々からほしかった写真集をやっと手に入れました。
전부터 갖고 싶었던 사진집을 겨우 손에 넣었습니다.

> **tip** 비슷한 표현으로「手に入る(손에 넣다)」가 있음.

☐☐ 13 --

手にする

손에 들다, 손으로 만지다

UNIT 01 손 | **069**

彼はこんな大金を手にしたことがないので、思わず手が震えました。
그는 이런 큰 돈을 만져 본 적이 없어서 무심코 손을 떨었습니다.

□□ 14 ----

手に手を取る
손에 손을 잡다, 행동을 같이 하다

二人は手に手を取って森の中へ入って行きました。
두 사람은 손에 손을 잡고 숲 속으로 들어갔습니다.

□□ 15 ----

手に取るよう
손바닥 보듯이

心理学を勉強したら人の心が手に取るように分かるなんていうのは嘘です。
심리학을 공부하면 사람의 마음을 손바닥 보듯이 알 수 있다는 것은 거짓말입니다.

□□ 16 ----

手に乗る
남의 꾀에 속다

うまいこと言って携帯電話を買わせようとしたって、その手には乗りませんよ。
그럴싸한 말로 휴대전화를 사게 하려고 해도, 그 꾀에 속지 않아요.

☐☐ **17**

手の裏を返す

(손바닥 뒤집듯이) 말이나 태도가 갑자기 달라지다

彼は、困っていた時には私に頼っていたのに、うまく行きだしたら手の裏を返すように私を無視し始めました。

그는 곤란했을 때는 나에게 의지했으면서, 잘 되기 시작하니 손바닥 뒤집듯이 나를 무시하기 시작했습니다.

☐☐ **18**

手を上げる

①때리려고 손을 올리다 ②두 손 들다, 항복하다

① 喧嘩は先に手を上げた方が負けです。
　싸움은 먼저 주먹을 휘두르는 쪽이 집니다.
② 彼の強情振りにはもう手を上げました。
　그의 고집에는 이제 두 손 들었습니다.

☐☐ **19**

手を貸す

손을 빌려 주다, 도와주다

何か困ったことがあったら、手を貸してあげますよ。
뭔가 곤란한 일이 있으면 도와줄게요.

☐☐ **20**

手を加える

손을 보다, 고치거나 보완하다

UNIT 01 손　**071**

この作品には、後世の人が手を加えた跡が見られます。
이 작품에는 후세 사람이 손을 본 흔적을 볼 수 있습니다.

□□ 21

手を出す

①폭력을 휘두르다　②새로 관여하다　③훔치다

① 喧嘩は先に手を出した方が負けですから、最後まで忍耐強く話し合うべきです。
싸움은 먼저 폭력을 휘두르는 쪽이 지는 것이니, 끝까지 인내심 있게 이야기해야 합니다.

② 彼は株に手を出して、せっかく稼いだお金をすべて失ってしまいました。
그는 주식에 손을 대서, 모처럼 번 돈을 모두 잃고 말았습니다.

③ 会社のお金に手を出すなんて、とんでもない行為です。
회사 돈에 손을 대다니, 말도 안되는 행동입니다.

□□ 22

手を付ける

착수하다, (일 등을) 시작하다

まだ勉強に手を付けていないんですか。
아직 공부를 시작하지 않았습니까?

□□ 23

手を抜く

일을 건성으로 하다, 필요한 부분을 빠뜨리다

仕事をする時は、肝心な部分で手を抜いてはいけません。
일을 할 때는 중요한 부분을 건성으로 해서는 안됩니다.

□□ 24

手を回す
이리저리 수단을 강구하다

彼らが結託しないうちに、こちらでも手を回しておきましょう。
그들이 결탁하기 전에 이쪽에서도 수단을 강구해 둡시다.

□□ 25

手を焼く
애먹다, 대처하기가 어렵다

うちの子のわがままぶりには、ほとほと手を焼いています。
우리 아이의 버릇없는 태도에는 정말이지 애를 먹습니다.

표현 UP

□□ 26

手が込む
일이 복잡하다

最近の詐欺は非常に手が込んでいるので、いつも注意している必要があります。
최근 사기는 상당히 복잡하기 때문에 언제나 주의할 필요가 있습니다.

□□ 27

手が離れる
①(일이 마무리되어) 관계가 없어지다　②(아이가 자라서) 돌보는 수고가 없어지다

① やっとレポートから手が離れたので、今日は友達と一緒に食事でもしようと思っています。
　겨우 리포트가 마무리됐기 때문에, 오늘은 친구와 함께 식사라도 하려고 합니다.

② 妻は子どもから手が離れたので、中断していた勉強をまた始めました。
　아내는 아이를 돌보는 수고가 없어졌기 때문에, 중단했던 공부를 다시 시작했습니다.

□□ 28

手取り足取り
꼼꼼히 가르쳐 주는 모양

先生はピアノの弾き方を手取り足取り教えてくださいました。
선생님은 피아노 치는 방법을 꼼꼼히 가르쳐 주셨습니다.

□□ 29

手に落ちる
그 사람의 소유가 되다, 지배하에 놓이다

① わが国の企業が次々と外資の手に落ちています。
　우리나라 기업이 연이어 외국 자본의 소유가 되고 있습니다.

② いくつもの都市が、すでに反軍の手に落ちています。
　몇 개의 도시가 이미 반군의 지배하에 놓여 있습니다.

☐☐ 30

手に付かない

(다른 것에 마음을 빼앗겨) 일이 손에 잡히지 않다

会社の行く末が心配で、仕事が手に付きません。
회사의 앞날이 걱정되어 일이 손에 잡히지 않습니다.

☐☐ 31

手も足も出ない

어찌해 볼 도리가 없다

この文章は古文で書かれたものなので、私の日本語力では手も足も出ません。
이 문장은 옛말로 쓰여진 것이어서 나의 일본어 실력으로는 어찌해 볼 도리가 없습니다.

☐☐ 32

手を入れる

손질하다, 손보다

この文章はもう少し手を入れる必要があります。
이 문장은 조금 더 손볼 필요가 있습니다.

☐☐ 33

手を打つ

①이야기를 매듭짓다, 합의하다 ②손을 쓰다, 예상되는 사태에 대비하다

① このくらいの値段で手を打ちませんか。
　　이 정도 가격으로 매듭짓지 않겠습니까?

UNIT 01 손 | **075**

② 騒ぎが大きくならないうちに、早めに手を打っておいた方がいいですよ。
소동이 커지기 전에 빨리 손을 써두는 편이 좋아요.

☐☐ 34

手を掛ける
공을 들이다

この立派な盆栽は祖父が手を掛けて育てたものです。
이 멋진 분재는 할아버지가 공을 들여 키운 것입니다.

☐☐ 35

手を切る
(사람과의) 관계를 끊다

人を利用するような人間とは、さっさと手を切った方がいいですよ。
남을 이용하려는 인간과는 빨리 관계를 끊는 것이 좋아요.

☐☐ 36

手を組む
협력하다

悪徳ブローカーが不動産業者と手を組んで、大規模な詐欺を行っています。
악덕 중개인이 부동산업자와 협력해서 대규모 사기를 치고 있습니다.

□□ 37

手をこまぬく
수수방관하다

地球温暖化に対し、私たちは手をこまぬいているわけにはいきません。
지구온난화에 대해 우리들은 수수방관하고 있을 수는 없습니다.

tip 「手をこまねく」라고도 함.

□□ 38

手を尽くす
온갖 수단을 시도하다

八方手を尽くして探しましたが、真珠の指輪は結局出てきませんでした。
팔방으로 온갖 수단을 시도해서 찾았지만, 진주 반지는 결국 나오지 않았습니다.

□□ 39

手を濡らさず
조금도 수고하지 않고, 손 하나 안 대고

あの人は、自分の手を濡らさずに得るものは得ようという下心です。
저 사람은 손 하나 대지 않고 얻을 것은 얻으려고 하는 속셈입니다.

□□ 40

手を伸ばす
손을 뻗치다, 일을 확장하다

当社は化粧品部門にも手を伸ばす計画をしています。
당사는 화장품 부문으로도 확장할 계획을 하고 있습니다.

□□ 41

手を引く
손을 떼다

あなたが手を引いてしまったら、このプロジェクトは座礁してしまいます。
당신이 손을 떼 버린다면 이 프로젝트는 좌초하고 말 거예요.

□□ 42

手を広げる
일 등의 범위를 넓히다

その企業は様々なコンテンツ事業に手を広げた結果、すべて失敗してしまいました。
그 기업은 여러 가지 컨텐츠 사업으로 범위를 넓힌 결과, 모두 실패하고 말았습니다.

UNIT 02 발足

「足(발)」가 하는 일은 땅위에 서거나 걷고 뛰는 것입니다. 따라서 발은 관용구에서 '걸음', 나아가서는 '빠름'을 나타내기도 합니다. 또 좀더 추상적으로 '이동'의 뜻을 나타내는 관용구도 많이 있습니다.

필수 표현

☐☐ 01

揚げ足を取る
말꼬리를 잡고 늘어지다

彼はすぐ人の揚げ足を取るから、一緒にしゃべりたくありません。
그는 바로 사람의 말꼬리를 잡고 늘어지기 때문에, 함께 이야기하고 싶지 않습니다.

☐☐ 02

足が出る
지출이 예산을 초과하다, 적자가 나다

今月は本を買いすぎて、足が出てしまいました。
이번 달은 책을 너무 사서 적자가 나 버렸습니다.

☐☐ 03

足が棒になる

(오래 서 있거나 걸어서) 다리가 뻣뻣해지다

一日中歩き回って、足が棒になってしまいました。
하루 종일 돌아다녀서 다리가 뻣뻣해져 버렸습니다.

☐☐ 04

足に任せる

발길 닿는 대로 가다

私たちはソウルに着いてから、足に任せてあちこちを歩き回りました。
우리들은 서울에 도착해서 발길 닿는 대로 이곳저곳을 돌아다녔습니다.

☐☐ 05

足を洗う

(나쁜 일에서) 발을 빼다, 손을 씻다, 그만두다

あなたは投資には向いていないようだから、株から足を洗った方がいいんじゃないですか。
당신은 투자에는 적합하지 않은 것 같으니까, 주식에서 발을 빼는 편이 좋지 않겠습니까?

☐☐ 06

足を奪われる

사고 등으로 교통이 두절되다, 발이 묶이다

その鉄道事故で、12万人の通勤客の足が奪われました。
그 철도 사고로 12만 명의 통근객의 발이 묶였습니다.

□□ 07

足を取られる

길이 좋지 않거나 취해서 걷기 곤란하다

オフィスで、カーペットの折り返しに足を取られて転んでしまいました。
사무실에서 카페트의 접힌 곳에 발이 걸려 넘어졌습니다.

□□ 08

足を延ばす

지금 와 있는 곳보다 더 멀리 가다, 발길을 옮기다

東京へ行ったついでに、横浜まで足を延ばして中華街を見物しました。
도쿄에 간 김에 요코하마까지 발길을 옮겨 중화거리를 구경했습니다.

□□ 09

足を運ぶ

어떤 일을 위해 일부러 찾아가다

私は仕事に関する教えを受けるために、彼の職場に何度も足を運びました。
나는 일에 관한 가르침을 받기 위해 그의 직장에 몇 번이나 찾아갔습니다.

□□ 10

足を引っ張る

남의 승진이나 성공을 방해하다

嫉妬ばかりして人の足を引っ張るようなことは、やめた方がいいですよ。
질투만 하고 다른 사람의 성공을 방해하려는 짓은 그만두는 것이 좋아요.

표현 UP

□□ 11

足が地に着かない
①흥분하여 마음이 들뜨다 ②생각이나 행동이 착실하지 못하다

① 彼は、その本が明日届くことを考えると、楽しみで足が地に着かない気分でした。
그는 그 책이 내일 도착할 것을 생각하자, 기대감으로 마음이 들떴습니다.

② 彼の考えは足が地に着いていない、単なる空想です。
그의 생각은 견고하지 못한 단순한 공상입니다.

□□ 12

足が付く
꼬리가 잡히다, 범죄 사실이 명백해지다

犯行現場に落ちていた髪の毛から、犯人の足が付きました。
범행 현장에 떨어트린 머리카락에서 범인의 꼬리가 잡혔습니다.

□□ 13

足が早い
음식이 금새 상하다

鯖は足が早いので、買ったらすぐ調理した方がいいですよ。
고등어는 금새 상하기 때문에 사면 바로 조리하는 것이 좋아요.

□□ 14

足が向く
あし　む

무의식 중에 그쪽으로 향하다

学校へ行かなければいけないのに、つい本屋に足が向いてしまいます。
がっこう　い　　　　　　　　　　　　　　　ほんや　あし　む

학교에 가야 하는데, 그만 서점으로 발길이 향하고 맙니다.

□□ 15

足元を見る
あしもと　み

약점을 이용하다, 헛점을 이용하다

人の足元を見るのは汚い態度です。
ひと　あしもと　み　　　　きたな　たいど

사람의 약점을 이용하는 것은 지저분한 태도입니다.

□□ 16

足を入れる
あし　い

어떤 일에 관계하기 시작하다, 발을 들여놓다

今の業界に足を入れたきっかけは何ですか。
いま　ぎょうかい　あし　い　　　　　　　　なん

지금 업계에 발을 들여놓은 계기는 무엇입니까?

□□ 17

足をすくう
あし

발을 걸다, 상대편의 헛점을 찔러 실패하게 하다

彼のことをあまり信じすぎると、時々足をすくわれることがあるから、気を付けた方がいいですよ。
かれ　　　　　　　　しん　　　　　　　　ときどきあし　　　　　　　　　　　　　　　　　　　　き　つ　　ほう

그를 너무 믿으면 때때로 헛점을 찔러서 실패하게 만드니까, 주의하는 게 좋습니다.

☐☐ 18

二の足を踏む
주저하다, 망설이다

業界で生き残るために、新しい分野を開拓すべきだとは思うのですが、どうしても二の足を踏んでしまいます。

업계에서 살아남기 위해 새로운 분야를 개척해야 한다고는 생각하지만, 아무래도 망설여집니다.

UNIT 03 손가락指·손발톱爪

「指(손가락)」의 기능은 여러 가지가 있지만, 그중 가장 눈에 띄는 것은 사물을 가리키는 것입니다. 또 손가락은 사물에 손을 댈 때 가장 먼저 닿는 부분입니다. 그래서 어떤 '일에 손을 댄다'는 뜻을 나타내기도 합니다. 한편, 「爪(손발톱)」는 '자신의 감춰진 실력'이라는 뜻을 나타내기도 합니다.

필수 표현

□□ 01

指折り数える
손꼽다, 손가락을 하나씩 구부리며 수를 세다

子どもたちは家族旅行に出発する日を指折り数えて待っていました。
아이들은 가족여행 출발하는 날을 손꼽아 기다리고 있었습니다.

□□ 02

指をくわえる
부러우면서도 아무것도 못 하고 있다

入社同期が昇進するのを指をくわえて見ていないで、もっと努力すべきです。
입사 동기가 승진하는 것을 부러워만 하며 보고만 있을 것이 아니라 더 노력해야 합니다.

표현 UP

☐☐ 03

後ろ指を指す
뒤에서 남의 험담을 하다

私は人に後ろ指を指されるようなことは何もしていません。
나는 사람들에게 뒷손가락질 당할 일은 아무것도 하지 않았습니다.

☐☐ 04

指を染める
손을 대다, 착수하다

彼は真面目な性格で、賭け事に指を染めることすらしませんでした。
그는 착실한 성격이라서, 내기에 손을 대는 일조차 하지 않았습니다.

☐☐ 05

爪に火を点す
가난하게 생활하다, 아주 궁색하다

私たちの収入では、爪に火を点すような生活をしても家は買えません。
우리들의 수입으로는 아주 궁색한 생활을 해도 집은 살 수 없습니다.

☐☐ 06

爪を研ぐ
만반의 준비를 하고 기회를 노리다

うわさでは、次期社長の座を狙って役員たちが爪を研いでいるらしいですよ。
소문에는 다음 사장 자리를 노리는 임원들이 만반의 준비를 하고 기회를 보고 있다고 하는 것 같아요.

PART 03

사람의 몸

UNIT 01 몸身 | UNIT 02 목首 | UNIT 03 어깨肩
UNIT 04 팔腕 | UNIT 05 가슴胸 | UNIT 06 배腹
UNIT 07 등背・엉덩이尻
UNIT 08 허리腰・무릎ひざ
UNIT 09 간肝・심장心臟・창자腸・내장腑
UNIT 10 피血・눈물涙・침唾, よだれ・땀汗
UNIT 11 목구멍喉・숨息・배꼽へそ・뼈骨

UNIT 01 몸 身

「身(몸)」는「体(몸)」와 같은 뜻으로, 약간 예스러운 단어입니다. 몸은 '그 사람 자신'을 가리킵니다. 그래서 관용구에서 '정체성'과 관련된 뜻을 나타내는 경우가 많습니다. 또한 '입장'의 뜻을 나타내는 경우도 있고, '신분', '정성' 등을 나타내기도 합니다.

필수 표현

☐☐ 01

身が持たない

체력의 한계를 느끼다, 건강을 유지할 수 없다, 몸이 견디지 못하다

毎日3時間しか寝ないで働いたら身が持ちません。
매일 3시간 밖에 자지 않고 일한다면 몸이 견디지 못합니다.

☐☐ 02

身に余る

분에 넘치다, 과분하다

このようなお褒めのお言葉をいただき、身に余る光栄です。
이런 칭찬을 받다니, 분에 넘치는 영광입니다.

□□ 03

身にしみる
절실하게 느끼다, 사무치다

一人暮らしをすると、両親のありがたさを身にしみて感じます。
혼자 사니 부모님의 고마움을 절실하게 느낍니다.

□□ 04

身に付く
(지식·기술 등이) 몸에 배다, 몸에 익다

私は英会話を勉強していますが、なかなか身に付きません。
나는 영어 회화를 공부하고 있지만, 좀처럼 몸에 배지 않습니다.

□□ 05

身に付ける
익히다, 체득하다

外国語の能力を身に付けることは、自分の視野を広げる点でとても大切です。
외국어 능력을 익히는 것은 자신의 시야를 넓히는 점에서 굉장히 중요합니다.

□□ 06

身になる
~의 입장에서 생각하다

もう少し私の身になって考えてください。
조금 더 나의 입장에서 생각해 주세요.

□□ 07

身を削る
み　けず

뼈를 깎다, 아주 고생을 하다

彼女はピアノコンクールに出るために、身を削る思いで練習しています。
그녀는 피아노 콩쿠르에 나가기 위해 뼈를 깎는 마음으로 연습을 하고 있습니다.

> **tip** 비슷한 표현으로「骨身を削る(아주 고생을 하다)」가 있음.

□□ 08

身を粉にする
み　こ

몸이 가루가 되도록 열심히 일하다

彼は一家の生計を得るために身を粉にして働いています。
그는 한 가정의 생계를 잇기 위해 몸이 가루가 되도록 열심히 일하고 있습니다.

□□ 09

身を捨てる
み　す

자신을 희생하다

社会を良くしたいなら、身を捨てる覚悟で行わなければなりません。
사회를 좋게 만들고 싶다면 자신을 희생할 각오로 임해야만 합니다.

□□ 10

身を立てる
み　た

①생계를 꾸리다　②입신출세하다

①私は語学で身を立てるのが夢です。
　저는 어학으로 생계를 꾸리는 것이 꿈입니다.

② 私が一生懸命勉強しているのは、身を立て名を上げるためです。
내가 열심히 공부하고 있는 것은 출세해서 이름을 높이기 위함입니다.

☐☐ 11

身を尽くす
자신의 모든 것을 바치다

彼女は身を尽くして学生たちを教育しました。
그녀는 모든 것을 바쳐 학생들을 교육했습니다.

☐☐ 12

身をもって
몸소, 스스로

彼は、リーダーのあり方を身をもって示してくれました。
그는 리더의 자세를 몸소 보여 주었습니다.

표현 UP

☐☐ 13

身が入る
열심히 하다, 열중하다

心配事があまりにも多くて、仕事に身が入りません。
걱정거리가 너무 많아서 일에 열중할 수 없습니다.

☐☐ 14

身から出た錆
자업자득

彼は試験の前日まで遊んでいて赤点を取ったんだから、身から出た錆です。
그는 시험 전날까지 놀아서 낙제를 받았으니, 자업자득입니다.

☐☐ 15

身に覚えがない
자신이 그런 일을 한 기억이 없다, 짚이는 데가 없다

身に覚えがないことを雑誌に書かれて嫌な思いがしました。
내가 한 기억이 없는 일이 잡지에 써있어서 불쾌했습니다.

☐☐ 16

身につまされる
남의 불행이 자기 일처럼 생각되다

彼の生活に困窮する状況を聞き、身につまされる思いがしました。
그가 생활에 곤궁하다는 상황을 듣고, 내 일처럼 생각이 되었습니다.

☐☐ 17

身の置き所がない
몸 둘 바를 모르다

私の失敗をみんながかえって同情してくれて、身の置き所のない気分でした。
나의 실패를 모두가 오히려 동정해줘서 몸 둘 바를 모르는 기분이었습니다.

□□ 18

身の毛がよだつ
머리칼이 곤두서다, 소름이 끼치다

事故現場の報告を聞いて、身の毛のよだつような思いがしました。
사고 현장 보고를 듣고, 머리 끝이 쭈뼛해지는 것 같은 기분이 들었습니다.

□□ 19

身も蓋もない
말이 너무 노골적이라 맛도 정취도 없다

こう言っては身も蓋もありませんが、彼が合格できなかったのは、勉強が足りなかったからです。
이렇게 말해서는 너무 노골적이지만, 그가 합격하지 못한 것은 공부가 부족했기 때문입니다.

□□ 20

身も世もない
(슬픔이나 괴로움으로 인하여) 체면이고 뭐고 돌볼 겨를이 없다

何があったのだろうか、駅のプラットフォームで女性が身も世もなく泣き崩れています。
무슨 일이 있었는지, 역 플랫폼에서 한 여성이 체면이고 뭐고 정신없이 울고 있습니다.

□□ 21

身を入れる
정성을 쏟다, 열심히 하다

趣味に身を入れすぎて勉強が疎かになるのは、望ましくありません。
취미에 너무 정성을 쏟아 공부가 소홀해지는 것은 바람직하지 않습니다.

☐☐ 22

身を切る
(추위와 고통이) 살을 에는 듯하다

今朝は身を切るような冷たい北風が吹いています。
오늘 아침은 살을 에는 듯한 차가운 북풍이 불고 있습니다.

☐☐ 23

身を砕く
몹시 노력하다

私は近隣諸国との関係を深めていくために身を砕く覚悟です。
저는 인근 국가와의 관계를 깊게 하기 위해 열심히 노력하기로 각오했습니다.

UNIT 02 목首

일본어에서 「首(목)」는 목 위의 '머리'를 의미하는 경우가 많기 때문에 주의할 필요가 있습니다. 예를 들면 「窓から首を出さないでください(창문에서 머리를 내밀지 마세요)」라고 하는 식입니다. 또한 「首」는 '해고'와 관련된 관용구로 많이 쓰이기도 합니다.

필수 표현

☐☐ 01

首が危ない
해고될 것 같다

読書もしないでマンネリ化した仕事をしていたら、首が危なくなります。
독서도 하지 않고 매너리즘화 된 일을 하고 있다가는 해고될 지도 모르겠습니다.

☐☐ 02

首が回らない
빚이 많아서 꾸려 나갈 수 없다

彼は多額の借金で首が回らない状態です。
그는 많은 빚으로 옴짝달싹 못하는 상태입니다.

□□ 03

首にする
해고하다

人事部では、成果を出さない役員たちを首にすることにしました。
인사부에서는 성과를 내지 않는 임원들을 해고하기로 했습니다.

□□ 04

首になる
해고되다

彼は社長に反抗して、会社を首になってしまいました。
그는 사장에게 대들어서 회사에서 해고되었습니다.

□□ 05

首を切る
해고하다

社長としても、社員の首を切るのは苦しいことです。
사장님으로서도 사원을 해고하는 것은 괴롭습니다.

□□ 06

首を縦に振る
승낙하다, 찬성하다

色々と方法を変えて説得を試みましたが、上司はなかなか首を縦に振ってくれません。
여러 가지로 방법을 바꿔가며 설득을 시도했습니다만, 상사는 좀처럼 승낙해 주지 않습니다.

□□ 07

首を突っ込む

어떤 일에 흥미를 가지고 깊이 관여하다

他人の問題に首を突っ込むと、厄介な問題に巻き込まれることもあるから、気を付けた方がいいですよ。

타인의 문제에 깊이 관여하면 성가신 일에 휩쓸릴 수 있으니 주의하는 것이 좋아요.

□□ 08

首を長くする

애타게 기다리다

私たちは、彼らが到着するのを首を長くして待っていました。

우리들은 그들이 도착하기를 애타게 기다리고 있었습니다.

표현 UP

□□ 09

首がつながる

해고를 면하다

私の契約は今年までとなっていましたが、上司が会社と交渉してくれたおかげで何とか首がつながりました。

나의 계약은 올해까지였지만, 상사가 회사와 협상해 준 덕분에 간신히 해고를 면하게 되었습니다.

☐☐ 10

首が飛ぶ
해고되다

ライバル会社の仕事を手伝って万が一ばれたら、私の首が飛んでしまいます。
라이벌 회사의 일을 돕다 만일 들킨다면 나는 해고될 것입니다.

☐☐ 11

首の皮一枚で
아슬아슬하게 살아남음

チャンピオンは挑戦者に危うく負けそうになりましたが、何とか首の皮一枚でつながりました。
챔피온은 도전자에게 하마터면 질 뻔했지만, 어떻게든 아슬아슬하게 살아남았습니다.

☐☐ 12

首を傾げる
고개를 갸웃하다, 의문스럽게 생각하다

彼女の不審な言動に、彼は首を傾げました。
그녀의 수상한 행동에 그는 고개를 갸웃거렸습니다.

☐☐ 13

首を捻る
이해할 수 없다

彼がどうしてそんな犯行を行ったのか、私たちは首を捻るばかりでした。
그가 왜 그런 범행을 했는지 우리들은 도무지 이해할 수 없었습니다.

☐☐ 14

首を横に振る
고개를 가로젓다, 찬성하지 않다

私の出した条件に対し、相手は首を横に振りました。
내가 낸 조건에 대해 상대는 고개를 가로저었습니다.

UNIT 03 어깨 肩

「肩(어깨)」의 기능으로 눈에 띄는 것은 물건을 짊어지는 것입니다. 그래서 어깨가 쓰인 관용구들 중 짐과 관련해서 '부담감'이나 '책임'과 같은 뜻을 나타내는 것들이 많습니다.

필수 표현

□□ 01

肩の荷が下りる
어깨의 짐이 사라지다, 어깨가 가벼워지다

子どもたちがみんな独立して、やっと肩の荷が下りました。
아이들이 모두 독립해서 겨우 어깨가 가벼워졌습니다.

□□ 02

肩を入れる
원조하다, 역성들다

彼が影響力を持っているのは、強大国が肩を入れているからです。
그가 영향력을 가지고 있는 것은 강대국이 돕고 있기 때문입니다.

□□ 03

肩を並べる
어깨를 나란히 하다, 대등한 위치에 서다

10年前には存在もしなかった大学が、今では一流大学と肩を並べるまでになりました。
10년 전에는 존재하지도 않았던 대학이, 지금은 일류 대학과 어깨를 나란히 하게까지 되었습니다.

□□ 04

肩を持つ
편을 들다, 역성들다

私は客観的な視点から述べているだけで、別に彼の肩を持っているわけではありません。
나는 객관적인 시점에서 말하고 있을 뿐이지, 딱히 그의 편을 들고 있는 것은 아닙니다.

표현 UP

□□ 05

肩に掛かる
책임이나 일 등이 지워지다

国家の存亡は私たちの肩に掛かっています。
국가의 존망은 우리들의 어깨에 걸려 있습니다.

□□ 06

肩身が狭い
かたみ　　　せま

떳떳하지 못하다, 주눅이 들다

父親が社会的に問題を起こしたため、家族は肩身の狭い思いをしています。

아버지가 사회적으로 문제를 일으켰기 때문에, 가족들은 주눅이 들어 있습니다.

□□ 07

肩を落とす
かた　　お

실망해 힘이 빠져 어깨가 처지다

合格発表の掲示板の前で、彼は肩を落としていました。

합격 발표 게시판 앞에서 그는 어깨가 처져 있었습니다.

□□ 08

肩を貸す
かた　　か

돕다, 원조하다

お宅に肩を貸すのはかまいませんが、ただし条件があります。

댁을 흔쾌히 돕겠지만 단, 조건이 있습니다.

□□ 09

肩をすぼめる
かた

춥거나 풀이 죽어 어깨를 움츠리다

先生が「誰か答えが分かる人」と言った時、学生たちは肩をすぼめました。

선생님이 「누구 답을 아는 사람?」이라고 말했을 때 학생들은 몸을 움츠렸습니다.

UNIT 04 팔 腕

「腕(팔)」가 들어간 관용구는 '기술력'에 관한 것들이 많습니다. 이때는 단순한 '솜씨'가 아니라, '높은 안목에 따른 기술력'이 있다는 느낌에 가깝습니다.

필수 표현

□□ 01

腕が上がる
솜씨가 늘다

単身赴任で一人暮らしをしたおかげで、料理の腕が上がりました。
단신부임으로 혼자 살게 된 덕분에 요리 솜씨가 늘었습니다.

□□ 02

腕がいい
솜씨가 좋다

彼は本当に腕のいい大工です。
그는 정말로 솜씨가 좋은 목수입니다.

☐☐ 03

腕が鳴る
솜씨·역량을 보이고 싶어 좀이 쑤시다

さあ、これからが私たちの出番ですね。腕が鳴るなあ。
자, 이제부터가 우리가 활약할 차례입니다. 좀이 쑤시네요.

☐☐ 04

腕を上げる
솜씨를 향상시키다

彼女は短期間に書道の腕を上げました。
그녀는 단기간에 서예 솜씨를 향상시켰습니다.

> **표현 UP**

☐☐ 05

腕に覚えがある
자기의 재능이나 솜씨에 자신이 있다

そのゲームは腕に覚えがあるので、勝ち抜く自信があります。
그 게임은 자신이 있기 때문에, 이길 자신이 있습니다.

☐☐ 06

腕によりを掛ける
솜씨를 충분히 발휘하려고 분발하다

彼は彼女のために、腕によりを掛けて料理を振舞いました。
그는 그녀를 위해 솜씨를 부려 요리를 대접했습니다.

□□ 07

腕をこまぬく
수수방관하다, 아무 것도 하지 않고 내버려 두다

この状況を腕をこまぬいて見ているわけには行きません。
이 상황을 아무 것도 하지 않고 그냥 보고 있을 수는 없습니다.

tip 「腕をこまねく」라고도 함.

□□ 08

腕を振るう
솜씨나 능력을 발휘하다

私たちは一流シェフが腕を振るった料理を満喫しました。
우리들은 일류 요리사가 솜씨를 발휘한 요리를 만끽했습니다.

UNIT 05 가슴 胸

「胸(가슴)」는 관용구에서 '감정'을 나타내는 의미로 많이 쓰입니다. 또 '자세'를 나타내거나, 동시에 그 자세가 나타내는 '심적 태도'를 보여주는 의미로도 쓰입니다.

필수 표현

☐☐ 01

胸が痛む
가슴이 아프다, 마음이 괴롭다

彼女の不幸な身の上を聞いて、胸が痛みました。
그녀의 불행한 처지를 듣고 가슴이 아팠습니다.

☐☐ 02

胸がいっぱいになる
슬픔이나 기쁨 등으로 마음이 채워지다, 가슴이 벅차다

10年かけて編纂した辞書の出版がついに実現し、胸がいっぱいになりました。
10년에 걸쳐 편찬한 사전의 출판이 드디어 실현되어 가슴이 벅찼습니다.

□□ 03

胸が騒ぐ
むね　さわ

(불길한 생각으로) 마음이 동요하다, 마음이 불안하다

彼女(かのじょ)は事故(じこ)のニュースを見(み)た時(とき)、もしかしたら息子(むすこ)がそこにいるのではないかと胸(むね)が騒(さわ)ぎました。
그녀는 사고 뉴스를 봤을 때, 혹시 아들이 거기에 있는 것은 아닌지 마음이 불안해졌습니다.

□□ 04

胸がすく
むね

통쾌하다

最後(さいご)に悪党(あくとう)が倒(たお)される場面(ばめん)を見(み)て、胸(むね)のすく思(おも)いがしました。
마지막에 악당이 쓰러지는 장면을 보고 통쾌한 기분이 들었습니다.

□□ 05

胸が詰まる
むね　つ

기쁨이나 슬픔으로 감정이 격해져 가슴이 답답하다

優勝(ゆうしょう)した感想(かんそう)を尋(たず)ねられた時(とき)、胸(むね)が詰(つ)まって何(なに)も言(い)えませんでした。
우승한 감상을 물어봤을 때, 감정이 격해져서 아무 것도 말할 수 없었습니다.

□□ 06

胸が張り裂ける
むね　は　さ

가슴이 찢어지다

震災(しんさい)で家族(かぞく)や財産(ざいさん)を失(うしな)った人(ひと)のことを思(おも)うと、胸(むね)が張(は)り裂(さ)ける思(おも)いです。
지진 재해로 가족과 재산을 잃은 사람을 생각하면 가슴이 찢어집니다.

☐☐ 07

胸を打つ
감동시키다, 심금을 울리다

彼の体験談は、胸を打つ話でした。
그의 체험담은 심금을 울리는 이야기였습니다.

☐☐ 08

胸を焦がす
애태우다

昔の日記を読み返し、片思いに胸を焦がしていた頃のことを思い出しました。
옛날 일기를 다시 읽고, 짝사랑에 애태웠던 때의 일을 떠올렸습니다.

☐☐ 09

胸を撫で下ろす
가슴을 쓸어내리다, 안심하다

息子が無事だったことを知り、彼女は胸を撫で下ろしました。
아들이 무사하다는 것을 알고, 그녀는 가슴을 쓸어내렸습니다.

☐☐ 10

胸を張る
가슴을 펴다, 자신만만한 태도를 취하다

胸を張って自分の考えを主張できるようになりたいものです。
가슴을 펴고 자신의 생각을 주장할 수 있도록 되고 싶습니다.

□□ 11

胸を膨らませる
기대나 기쁨으로 가슴이 벅차다

彼女は大学受験に無事合格し、これからの大学生活に胸を膨らませています。
그녀는 대학 수험에 무사히 합격해서 앞으로의 대학 생활에 가슴이 벅차 있습니다.

표현 UP

□□ 12

胸がつかえる
슬픔이나 걱정거리로 가슴이 답답하다

将来のことを考えると、胸がつかえて食事も喉を通りません。
장래의 일을 생각하면, 가슴이 답답해서 식사도 넘어가지 않습니다.

□□ 13

胸が潰れる
슬픔이나 놀람 등으로 가슴이 미어지다

株が暴落した時、次々と下落していく株価を彼は胸の潰れる思いで見ていました。
주식이 폭락했을 때, 잇따라 하락해 가는 주가를 그는 가슴이 미어지는 기분으로 보고 있었습니다.

☐☐ 14

胸が塞がる
むね　ふさ

불안이나 슬픔으로 가슴이 답답하다

事故現場で遺族の悲しむ姿を見て、胸の塞がる思いがしました。
じ こ げん ば　　い ぞく　　かな　　　　すがた　み　　　　むね　　ふさ　　　　おも

사고 현장에서 유족이 슬퍼하는 모습을 보고, 가슴이 답답한 기분이 들었습니다.

☐☐ 15

胸に一物
むね　　いち もつ

마음 속에 계략을 품음, 꿍꿍이가 있음

総長に対し胸に一物ある教授たちが密かに集まって何かを計画しています。
そうちょう　たい　むね　いちもつ　　　きょうじゅ　　　　ひそ　　　あつ　　　　なに　　　けいかく

총장에게 꿍꿍이가 있는 교수들이 몰래 모여서 무언가를 계획하고 있습니다.

☐☐ 16

胸に聞く
むね　き

양심에 따르다

いつも自分の胸に聞きながら行動を決定すべきです。
じ ぶん　むね　き　　　　　こうどう　　けってい

항상 자신의 양심에 따라 행동을 결정해야 합니다.

☐☐ 17

胸に応える
むね　こた

가슴에 와 닿다, 마음을 울리다

私のことを本当に心配してくださっていた先生の言葉が胸に応えました。
わたし　　　　　　ほんとう　しんぱい　　　　　　　　　　　　　せんせい　ことば　　むね　こた

나를 정말로 걱정해 주셨던 선생님의 말이 가슴에 와 닿았습니다.

☐☐ 18

胸に迫る
어떤 생각이 강하게 밀려오다, 감동하다

彼の詩は、いつ読んでも胸に迫るものがあります。
그의 시는 언제 읽어도 마음에 강하게 밀려오는 것이 있습니다.

☐☐ 19

胸のつかえが下りる
답답한 가슴이 뚫리다, 마음이 후련해지다

誰にも言えなかった悩みを相談することができて、胸のつかえが下りました。
누구에게도 말할 수 없었던 고민을 상담할 수 있어서, 답답한 가슴이 뚫렸습니다.

UNIT 06 배 腹

「腹(배)」는 '속마음'을 나타내는 의미로 관용구에서 많이 쓰입니다. 또 '용기가 있다', '너그럽다'는 의미로도 쓰입니다.

필수 표현

□□ 01

腹が黒い
뱃속이 검다, 엉큼하다

彼は本当に腹の黒い人間ですから、関わらない方がいいですよ。
그는 정말로 뱃속이 검은 인간이니까 관계되지 않는 것이 좋아요.

□□ 02

腹が立つ・腹を立てる
화가 나다・화를 내다

① 私は彼の態度にとても腹が立ちました。
　나는 그의 태도에 아주 화가 났습니다.

② 彼は私の言ったことで、ひどく腹を立てています。
　그는 내가 한 말에 심하게 화를 내고 있습니다.

□□ 03

腹が太い
はら ふと

배짱이 두둑하다, 도량이 크다

私の上司は厳しい人ですが、腹の太い人で、細々としたことには干渉しません。

나의 상사는 엄격한 사람이지만, 도량이 큰 사람으로 자잘한 일에는 간섭하지 않습니다.

> **tip** 비슷한 표현으로 「太っ腹だ(배짱이 두둑하다)」가 있음.

□□ 04

腹が減る
はら へ

배가 고프다, 공복이 되다

腹が減って、もうへとへとです。

배가 고파서 힘이 없습니다.

> **tip** 비슷한 표현으로 「おなかが空く(배가 고프다)」가 있음.

□□ 05

腹の虫が治まらない
はら むし おさ

화가 나서 참을 수 없다

彼に一言言ってやらないと、腹の虫が治まりません。

그에게 한마디 하지 않으면, 화가 나서 참을 수 없습니다.

□□ 06

腹を抱える
はら かか

배꼽을 쥐다, 웃음을 참지 못해 배를 움켜잡고 크게 웃다

彼の冗談に、私たちは腹を抱えて大笑いしました。
그의 농담에 우리들은 배꼽을 쥐고 크게 웃었습니다.

tip 비슷한 표현으로「おなかを抱える(크게 웃다)」가 있음.

□□ 07

腹を割る
본심을 털어놓다

孤独な彼には、腹を割って話せるような友人がいません。
고독한 그에게는 본심을 털어놓고 이야기 할 수 있는 친구가 없습니다.

표현 UP

□□ 08

自腹を切る
(경비 등을) 자신이 지불하다

上司は自腹を切って部下に寿司をご馳走しました。
상사는 자기 돈으로 부하에게 초밥을 사주었습니다.

□□ 09

腹が癒える
화가 사그라지다, 감정이 풀리다

彼が謝ったところで、私の腹が癒えるわけではないでしょう。
그가 사과해봤자 나의 화가 풀리는 것은 아니지요.

□□ 10

腹ができている
각오가 되어 있다

今から出撃するが、腹はできているだろうな。
지금부터 출격할 텐데, 각오는 되어 있겠지.

□□ 11

腹の皮がよじれる
웃겨서 참을 수 없다, 웃음이 멈추지 않는다

今夜はコメディー番組を見て、腹の皮がよじれるほど笑いました。
오늘밤은 코미디 프로그램을 보고 웃음이 멈추지 않았습니다.

□□ 12

腹を決める
결심하다, 각오하다

転職するかどうか、腹を決めた方がいいですよ。
이직할지 말지, 결심을 하는 것이 좋아요.

□□ 13

腹をこしらえる
먹어서 배를 채우다, 식사를 하다

まず腹をこしらえてから出発しましょう。
먼저 배를 채우고 나서 출발합시다.

> **tip** 비슷한 표현으로 「腹ごしらえをする(먹어서 배를 채우다)」가 있음.

□□ 14

腹を肥やす
개인의 이익을 채우다

自分の腹を肥やすような人を指導者にするべきではありません。
자신의 이익을 채우려고 하는 사람을 지도자로 추대할 수는 없습니다.

tip 비슷한 표현으로「私腹を肥やす(개인의 이익을 채우다)」가 있음.

□□ 15

腹を壊す
배탈이 나다, 설사를 하다

昨日は冷たいものを食べ過ぎて、腹を壊してしまいました。
어제는 차가운 것을 너무 먹어서 배탈이 났습니다.

tip 비슷한 표현으로「おなかを壊す(배탈이 나다)」가 있음.

□□ 16

腹を探る
상대방의 마음을 떠보다

両陣営は、対立しながらお互いの腹を探り合っていました。
양 진영은 대립하면서 서로의 마음을 떠 보았습니다.

□□ 17

腹を据える
각오를 다지다

このプロジェクトは会社の運命が掛かっているので、腹を据えて取り掛かってください。
이 프로젝트는 회사의 운명이 걸려있으니 각오를 다지고 임해 주세요.

UNIT 07 등背·엉덩이尻

「背(등)」는 정면 보지 않고 뒤를 보고 있을 때 보이는 부분이기 때문에, 타인으로 하여금 '섭섭한 마음'을 느끼게 하는 부위이기도 합니다. 「尻(엉덩이)」의 주된 기능은 앉는 것입니다. 그래서 '좀처럼 일어나거나 움직이지 않는 모습'을 나타냅니다. 또 엉덩이가 뒤에 있다 보니, '누군가의 뒤를 따라간다'고 하는 뜻으로 낮추어 말하기도 합니다.

필수 표현

□□ 01

背を向ける
등을 돌리다, 등지다

いくら関心がなくても、社会に背を向けて生きていくのはよくありません。
아무리 관심이 없어도 사회에 등을 돌리고 살아가는 것은 좋지 않습니다.

□□ 02

尻に敷く
아내가 남편을 자신의 뜻에 따르도록 마음대로 휘두르다

彼は奥さんの尻に敷かれていて、小遣いも奥さんの許可なしには使えません。
그는 아내에게 휘둘려서 용돈도 아내의 허가 없이는 쓸 수 없습니다.

□□ 03

尻に火が付く
발등에 불이 떨어지다

彼の問題点は、尻に火が付くまで仕事を始めないことです。
그의 문제점은 발등에 불이 떨어질 때까지 일을 시작하지 않는 것입니다.

□□ 04

尻を据える
무언가 차분히 하기 위해 한곳에 오래 머물다

この作業はかなり複雑なので、尻を据えて取り掛かる必要がありそうです。
이 작업은 상당히 복잡하기 때문에 한곳에 차분히 머물러 착수할 필요가 있을 것 같습니다.

□□ 05

尻を叩く
재촉하다, 격려하다

ニュースを見て感じるのは、警察は事件が起こって尻を叩かれないと動かないということです。
뉴스를 보고 느끼는 것은 경찰은 사건이 일어나고 재촉하지 않으면 움직이지 않는다는 것입니다.

□□ 06

尻を拭う
남의 뒤치다꺼리를 하다

彼はいつも無能な上司の尻を拭わせられています。
그는 언제나 무능한 상사의 뒤치다꺼리를 하고 있습니다.

표현 UP

☐☐ 07

背(せ)にする
등 뒤에 두다, 등지다

この写真(しゃしん)は、一人(ひとり)の男性(だんせい)が噴水(ふんすい)を背(せ)にして立(た)っています。
이 사진은 한 남성이 분수를 등지고 서 있습니다.

☐☐ 08

尻馬(しりうま)に乗(の)る
남이 하는 것을 덮어놓고 따라하다, 덩달다

みんなが騒(さわ)いでいるからといって、人(ひと)の尻馬(しりうま)に乗(の)って一緒(いっしょ)に騒(さわ)ぐのは、軽率(けいそつ)な態度(たいど)ではありませんか。
모두가 소란을 피우고 있다고 해서 덩달아 같이 소란을 피우는 것은 경솔한 행동이 아닙니까?

☐☐ 09

尻(しり)に付(つ)く
남의 뒤를 따라가다

ガイドの尻(しり)に付(つ)いて観光地(かんこうち)を回(まわ)る旅行(りょこう)は好(す)きではありません。
가이드 뒤를 따라서 관광지를 도는 여행은 좋아하지 않습니다.

☐☐ 10

尻(しり)を上(あ)げる
①일에 착수하다 ②앉아 있던 곳에서 일어서다, 방문지에서 돌아가려고 하다

① 警察は、私たちの再三の捜査要求にやっと重い尻を上げました。
경찰은 우리들의 여러 번의 조사 요구에 겨우 일에 착수했습니다.

② 彼はうちに遊びに来ると、なかなか尻を上げようとしません。
그는 우리집에 놀러 오면 좀처럼 돌아가려하지 않습니다.

UNIT 08 허리腰・무릎ひざ

「腰(허리)」는 몸의 중심에 위치하고 있어, '자세'와 관련된 관용구가 많습니다. 허리의 자세가 곧 온몸의 자세가 되기 때문입니다. 「膝(무릎)」는 '예의범절'과 관련된 자세를 말하는 경우가 있습니다.

필수 표현

☐☐ 01

腰が抜ける・腰を抜かす

놀라거나 겁을 먹어 서 있을 수 없다, 기겁하다, 깜짝 놀라다

① 彼は驚きのあまり、腰が抜けてしまいました。
그는 놀란 나머지 주저앉고 말았습니다.

② 私は彼の話に腰を抜かすほど驚きました。
나는 그의 이야기에 주저앉을 정도로 놀랐습니다.

☐☐ 02

腰が低い

겸손하다, 저자세이다

腰の低いリーダーほど仕事ができると言われています。
겸손한 리더일수록 일을 할 수 있다고 말합니다.

□□ 03

腰を折る
맥을 끊다, 이야기하는 도중에 방해를 하다

話の腰を折るようで申し訳ありませんが、今おっしゃった「ADHD症候群」って、いったい何ですか。
말허리를 자르는 것 같아서 죄송하지만, 지금 말씀하신 「ADHD 증후군」은 도대체 무엇입니까?

□□ 04

腰を下ろす
앉다

会長はソファーに深く腰を下ろすと、私にも座るよう促しました。
회장님은 소파에 깊이 앉으시고는 나에게도 앉으라고 재촉했습니다.

□□ 05

腰を掛ける
걸터앉다

彼女は椅子に浅く腰を掛けていて、私を見るとすぐ立ち上がって挨拶しました。
그녀는 의자에 살짝 걸터앉아 있었고, 나를 보자마자 바로 일어나서 인사를 했습니다.

□□ 06

腰を据える
차분히 일에 임하다

来年からは腰を据えて勉強に専念したいと思います。
내년부터는 차분히 공부에 전념하고 싶습니다.

☐☐ 07

ひざを崩(くず)す
편히 앉다

そんなにかしこまらないで、どうぞひざを崩(くず)してください。
그렇게 어려워 하지 말고, 어서 편히 앉으세요.

☐☐ 08

ひざを交(まじ)える
(무릎을 마주하고) 허물없이 이야기를 나누다

私(わたし)たちは懸案(けんあん)についてひざを交(まじ)えて話(はな)し合(あ)いました。
우리들은 현안에 대해서 허물없이 서로 이야기 했습니다.

표현 UP

☐☐ 09

腰(こし)が重(おも)い
행동이 굼뜨다

彼(かれ)は腰(こし)が重(おも)いから、なかなか仕事(しごと)に取(と)り掛(か)かりません。
그는 행동이 굼떠서 좀처럼 일을 시작하지 않습니다.

☐☐ 10

腰(こし)が強(つよ)い
①줏대가 있다, 쉽게 굴복하지 않다 ②끈기가 있다, 차지다

① 彼は反対意見や試練に屈しない、腰の強い人間です。
그는 반대 의견이나 시련에 굴하지 않는 줏대있는 인간입니다.

② 私は柔らかいうどんより、腰の強いうどんの方が好きです。
나는 부드러운 우동보다 쫄깃한 우동이 좋습니다.

□□ 11 ------

腰が弱い

①마음이 약하다, 패기가 없다　②끈기가 없다

① 彼は、頭は切れるけれど腰が弱いので、責任のある仕事につけるわけにはいきません。
그는 영민하지만 패기가 없기 때문에 책임 있는 일에 맞을 리 없습니다.

② このお餅は腰が弱くて食べた感じがしません。
이 떡은 끈기가 없어서 먹는 기분이 안납니다.

□□ 12 ------

腰を上げる

①앉아 있던 사람이 일어나다　②(무슨 일에) 착수하다

① 私たちは話に興じ、深夜になってやっと腰を上げました。
우리들은 이야기에 빠져 심야가 되어서 겨우 일어났습니다.

② こういう仕事はさっさと腰を上げて取り掛かった方がいいですよ。
이런 일은 빨리 착수해서 시작하는 것이 좋습니다.

□□ 13 ------

腰を入れる

확고한 각오로 일에 임하다

涼しい風が吹いてきた頃、やっと彼は腰を入れて受験勉強を始めました。
선선한 바람이 불어왔을 때 겨우 그는 본격적으로 수험 공부를 시작했습니다.

□□ 14

ひざが笑う

(경사가 급한 산길을 내려올 때) 지쳐서 무릎이 떨리다, 무릎 힘이 빠지다

ひざが笑ってもう立っていられません。
무릎에 힘이 빠져서 더 서 있을 수 없습니다.

□□ 15

ひざを打つ

무릎을 치다

私はその一節を読んだ時、「そうか！」とひざを打ちました。
나는 그 한 구절을 읽었을 때「그렇구나!」라고 무릎을 쳤습니다.

□□ 16

ひざを折る

무릎을 꿇다, 굴복하다

あんな男にひざを折るわけにはいきません。
그런 남자에게 무릎을 꿇을 수는 없습니다.

□□ 17

ひざを進める

적극적으로 관심을 보이다

私がビジネスの話をしていると、彼がひざを進めてきました。
내가 비즈니스 이야기를 하고 있자, 그가 적극적으로 관심을 보여 왔습니다.

□□ 18

ひざを正す
정좌하다, 바로 앉다

彼女はひざを正して私をまっすぐ見ました。
그녀는 정좌하고 나를 바로 응시했습니다.

UNIT 09 간肝 · 심장心臟 · 창자腸 · 내장腑

일본어의 고유어에서 내장을 말하는 표현은 매우 단순합니다. 「きも」라고 하면 '간' 뿐만 아니라 '콩팥'과 '쓸개' 등을 통틀어서 말했고, 「わた」라고 하면 '창자'를 말했습니다. 「きも」는 보통 「肝」라고 쓰고, 「わた」는 「綿(솜)」와 구별하기 위해 보통 「はらわた」라고 말하며 「腸」라고 씁니다. 「肝」는 주로 '담력'을 나타내는 의미로 관용구에 사용됩니다. 그리고 「腸」는 '고통스럽거나 들끓는 감정'이라는 의미를 사용되는 경우가 많습니다.

필수 표현

□□ 01

肝が小さい
겁이 많다, 배짱이 없다

あの男は豪快そうに見えるけど、案外肝が小さいんですよ。
저 남자는 호쾌한 듯이 보이지만 의외로 겁이 많아요.

tip 「肝っ玉が小さい」라고도 함.

□□ 02

肝が太い
대담하다, 간이 크다

彼は肝が太いから、多少のことでは動じません。
그는 간이 크기 때문에 어지간한 일에는 동요하지 않습니다.

tip 「肝っ玉が太い」라고도 함.

□□ 03

肝に銘じる
きも めい

명심하다, 마음에 새기다

先生の忠告を肝に銘じて、社会生活を営んで行きたいと思います。
せんせい ちゅうこく きも めい しゃかいせいかつ いとな い おも

선생님의 충고를 마음에 새기고 사회 생활을 해나가고 싶습니다.

□□ 04

肝を潰す
きも つぶ

몹시 놀라다

垣根からいきなり子犬が飛び出してきて、そのお年よりは肝を潰して尻餅をつきました。
かきね こいぬ と だ とし きも つぶ しり もち

담에서 갑자기 강아지가 달려나와서, 그 노인은 몹시 놀라 엉덩방아를 찧었습니다.

□□ 05

心臓が強い
しん ぞう つよ

강심장이다, 뻔뻔스럽다

息子は私の反対を押し切って犬を飼い始めた上に、餌代まで要求するなんて、心臓が強いにもほどがあります。
むすこ わたし はんたい お き いぬ か はじ うえ えさだい ようきゅう しんぞう つよ

아들은 나의 반대를 무릅쓰고 개를 기르기 시작한 데 더해 사료비까지 요구하다니, 뻔뻔스러운 것도 정도가 있습니다.

□□ 06

心臓が弱い
しん ぞう よわ

마음이 약하고 적극성이 없다

私は心臓が弱くて、賃上げの要求はできませんでした。
나는 마음이 약해서 임금 인상 요구는 할 수 없었습니다.

07

腑に落ちない
납득이 가지 않다, 이해가 가지 않다

この事件に関する政府の釈明はどうも腑に落ちません。
이 사건에 관한 정부의 해명은 아무래도 납득이 가지 않습니다.

표현 UP

08

肝が据わる
배짱이 두둑하다, 담력이 크다

彼は肝が据わっていて、会社に侵入した男を一人で取り押さえたそうです。
그는 배짱이 담력이 커서 회사에 침입한 남자를 혼자서 잡았다고 합니다.

09

肝を冷やす
간담이 서늘해지다

高速道路で横の車がふらりとこちらに寄って来たので、一瞬肝を冷やしました。
고속도로에서 옆 차가 갑자기 이쪽으로 다가와서 순간 간담이 서늘해졌습니다.

☐☐ 10

心臓に毛が生えている

뻔뻔스럽다, 부끄러움을 모르다

彼は心臓に毛が生えているから、何を言われてもあまり気にしないみたいですよ。
그는 뻔뻔스럽기 때문에 무슨 말을 말을 들어도 그다지 신경쓰지 않는 것 같습니다.

☐☐ 11

腸が腐る

정신이 썩다, 정신이 타락하다

彼は、利益こそ正義だなんて主張するような、腸の腐った人間です。
그는 이익이야말로 정의다 라고 주장하는, 정신이 타락한 인간입니다.

☐☐ 12

腸がちぎれる

견디기 어려운 정도의 슬픔을 느끼다, 애간장이 녹다

震災で家族を失った人たちは、腸のちぎれる思いだったに違いありません。
지진 재해로 가족을 잃은 사람들은 애간장이 녹는 마음이었음에 틀림없습니다.

☐☐ 13

腸が煮えくり返る

속이 뒤집히다, 말할 수 없을 정도로 화가 나다

あの人間(にんげん)にされてきたことを考(かんが)えれば考(かんが)えるほど、腸(はらわた)が煮(に)えくり返(か)ってきます。
그 인간에게 당해온 일을 생각하면 생각할수록 속이 뒤집힙니다.

☐☐ 14

腑(ふ)が抜(ぬ)ける
쓸개가 빠지다

あんな腑(ふ)の抜(ぬ)けたやつに仕事(しごと)をやらせたら、できるものもできなくなっちゃいますよ。
그런 쓸개 빠진 녀석에게 일을 시켰다간 될 일도 안 되요.

UNIT 10 피血・눈물涙 침唾, よだれ・땀汗

「血(피)」의 많은 기능 중에는 몸을 일정한 온도로 유지하는 것이 있습니다. 그래서 몸속에서 따뜻한 피가 흐르는 것을 '인간미'와 연관시킨 관용구를 찾아 볼 수 있습니다. 「涙(눈물)」는 슬플 때나 감동했을 때 흘립니다. 그래서 '슬픔'과 '감동'을 뜻하는 경우가 많습니다. '침'을 뜻하는 「唾」와 「よだれ」는 맛있는 것을 봤을 때 분비됩니다. 그래서 '음식'과 관련해서 사용하는 관용구가 많습니다. 「汗(땀)」는 기온이 덥거나 몸을 움직였을 때 분비되는 것으로, '더위'와 관련된 관용구에서 쓰일 때가 많으며, 때로는 '노력'이라는 뜻을 나타내기도 합니다.

필수 표현

□□ 01

血が通う
피가 통하다, 인간미가 흐르다

その裁判官は血の通った判決を下すことで有名でした。
그 재판관은 인간미가 흐르는 판결을 내리는 것으로 유명했습니다.

□□ 02

血がつながる
혈연관계에 있다

いくら喧嘩したといっても、血のつながった親子なんだから、縁まで切るべきではないでしょう。
아무리 싸웠다고 해도 혈연관계에 있는 부모 자식인데, 연까지 끊어서는 안되겠지요.

□□ 03

血がにじむような
피나는, 피땀 어린

本戦に出る選手たちは、みんな血のにじむような努力をしてきました。
본선에 나가는 선수들은 모두 피나는 노력을 해왔습니다.

□□ 04

血が沸く
피가 끓다, 감정이 북받쳐 오르다

英雄伝を読んで、血が沸きました。
영웅전을 읽고 감정이 북받쳐 올랐습니다.

□□ 05

血は水より濃い
피는 물보다 진하다

血は水より濃いというように、何かあった時頼れるのは、やはり家族です。
피는 물보다 진하다고 하듯이, 무슨 일이 있을 때 기댈 수 있는 것은 역시 가족입니다.

□□ 06

血も涙もない
피도 눈물도 없다

妻子を捨てて他の女と一緒になるなんて、彼は血も涙もない男です。
처자식을 버리고 다른 여자와 함께 하다니, 그는 피도 눈물도 없는 남자입니다.

□□ 07

血を見る

피를 보다, 사상자가 생기다

月曜日までに全額を返済しないと、血を見ることになりますよ。
월요일까지 전액을 변제하지 않으면 피를 보게 될 겁니다.

□□ 08

雀の涙

쥐꼬리, 새발의 피, 아주 적은 양

こんな雀の涙ほどの給料で家族4人が生活していくのは無理です。
이런 쥐꼬리만한 급료로 가족 4명이 생활하는 것은 무리입니다.

□□ 09

涙を禁じえない

눈물을 금할 수 없다, 눈물을 참을 수 없다

お通夜の席で、故人の生前の笑顔が思い出され、涙を禁じえませんでした。
상가에서 밤을 새는 자리에서, 고인 생전의 웃는 얼굴이 떠올라 눈물을 참을 수 없었습니다.

□□ 10

涙を呑む

눈물을 삼키다, 눈물을 머금다

その選手はシーズン間際に怪我をしてしまい、涙を呑んで出場を断念しました。
그 선수는 시즌 직전에 부상을 당해 눈물을 머금고 출전을 단념했습니다.

□□ 11

唾を付けておく
침 발라 놓다, 미리 손을 써 두다

これは今年流行しそうですから、今から唾を付けておいた方がいいですよ。
이것은 올해 유행할 것 같으니까 지금부터 미리 손을 써 두는 것이 좋아요.

□□ 12

よだれを唾らす
군침을 흘리다, 몹시 탐내다

カリッと焼き上がった餃子の写真を、彼はよだれを垂らしながら見つめていました。
바삭하게 구운 만두 사진을 그는 군침을 흘리면서 보고 있었습니다.

tip 비슷한 표현으로「よだれが出る、生唾を飲み込む(군침을 흘리다)」가 있음.

□□ 13

汗をかく
물방울이 맺히다

夏は冷たい飲み物を入れたコップが汗をかくから、コースターを敷いた方がいいです。
여름은 차가운 음료를 담은 컵에 물방울이 맺히니까 컵받침을 까는 것이 좋습니다.

☐☐ 14

手に汗を握る
(흥분과 긴장으로) 손에 땀을 쥐다

この小説の最終章は、手に汗を握る場面の連続です。
이 소설의 마지막 장은 손에 땀을 쥐는 장면의 연속입니다.

표현 UP

☐☐ 15

血が騒ぐ
피가 끓다, 흥분하다

私はサッカーのゲームを見ると血が騒いで、自分もサッカーをやりたくなります。
나는 축구 시합을 보면 피가 끓어서, 나도 축구를 하고 싶어집니다.

☐☐ 16

血が上る
피가 거꾸로 솟다, 울컥하다, 흥분하다

演壇に立ったら頭に血が上ってしまい、原稿の内容をすっかり忘れてしまいました。
연단에 섰더니 흥분해서 원고 내용을 전부 잊어버리고 말았습니다.

□□ 17

血で血を洗う

살상이나 악행에 대해 그대로 보복하다

その国では、血で血を洗うような内戦が続いています。
그 나라에서는 서로 죽고 죽이는 내전이 이어지고 있습니다.

□□ 18

血と汗の結晶

피땀을 흘린 결과, 비상한 노력과 인내의 결과물

やっと買ったこの家は、私の血と汗の結晶です。
겨우 산 이 집은 나의 피와 땀의 결정체입니다.

□□ 19

血となり肉となる

피가 되고 살이 되다, 배운 지식이나 경험이 살아가는데 도움이 되다

読んでよかった本は、血となり肉となるように工夫すべきです。
읽어서 좋았던 책은 피가 되고 살이 되도록 궁리해야 합니다.

□□ 20

血に飢える

피에 굶주리다, 남을 해치려는 악한 마음이 가득하다

彼らは血に飢えた狼のような人間たちだから、何をするか分かりません。
그들은 피에 굶주린 늑대 같은 인간들이니까 무슨 짓을 할지 모릅니다.

□□ 21

血を吐く思い
피를 토하는 심정

彼は血を吐く思いで文章修行を続けた結果、日本を代表する作家の一人になりました。
그는 피를 토하는 심정으로 문장 수행을 계속한 결과, 일본을 대표하는 작가의 한 사람이 되었습니다.

□□ 22

血を引く
혈통을 이어받다

その町では、魔法使いの血を引く職人たちが、工房を連ねていました。
그 거리에는 마법사의 혈통을 이어받은 장인들이 공방을 나란히 하고 있습니다.

□□ 23

涙に暮れる
눈물로 세월을 보내다

彼女は軍人の夫を戦争で失い、毎日涙に暮れていました。
그녀는 군인인 남편을 전쟁에서 잃고, 매일 눈물로 세월을 보내고 있습니다.

□□ 24

涙に沈む
슬픔에 잠기다

一人息子を失って涙に沈む彼女を前に、私は慰める言葉が見つかりませんでした。
외아들을 잃고 슬픔에 잠긴 그녀의 앞에서 나는 위로의 말을 할 수 없었습니다.

□□ 25

涙に咽ぶ

목메어 울다, 오열하다

嗚咽する彼女にわけを尋ねても、涙に咽ぶばかりで言葉になりませんでした。
오열하는 그녀에게 이유를 물어도 목메어 울기만 하고 말을 하지 않았습니다.

□□ 26

涙を覚える

슬픔을 느끼다, 눈물이 나오다

彼女の身の上話を聞いていて、私も涙を覚えました。
그녀의 신세 이야기를 듣고 나도 슬픔을 느꼈습니다.

□□ 27

涙を誘う

눈물을 자아내다

この歌は、歌詞の意味は分かりませんが、不思議と涙を誘います。
그 노래는 가사의 의미는 모르지만, 신기하게도 눈물을 자아냅니다.

□□ 28

涙を振るって
흐르는 눈물을 참고

悪意はなかったとは言え、会社に甚大な被害を与えたので、涙を振るって旧友の役員を解雇しました。
악의는 없었다고는 해도 회사에 몹시 큰 피해를 줬기 때문에, 흐르는 눈물을 참고 옛친구인 임원을 해고했습니다.

□□ 29

涙を催す
눈물을 글썽이다, 눈물이 나다

同僚たちと被災地の実況中継を見ていて、つい涙を催してしまいました。
동료들과 피해 지역의 실황 중계를 보다 그만 눈물이 나오고 말았습니다.

□□ 30

手に唾する
손에 침을 묻히다, 일에 착수하려고 벼르다

私たちは手に唾して試合の開始を待ちました。
우리들은 손에 침을 묻히고 시합 시작을 기다렸습니다.

□□ 31

生唾を飲み込む
군침을 삼키다, 몹시 탐내다, 눈독을 들이다

紙幣の山を見て、彼は思わず生唾を飲み込みました。
지폐 산을 보고 그는 무의식중에 탐을 냈습니다.

□□ 32

よだれが出る
군침이 돌다, 욕심이 나다

書棚に並んだ貴重な書物を見て、思わずよだれが出てしまいました。
책장에 즐비한 귀중한 책들을 보고 무의식 중에 욕심이 났습니다.

□□ 33

汗になる
땀을 흘리다

彼は一日中汗になって働き続けました。
그는 하루 종일 땀을 흘리며 계속 일했습니다.

UNIT 11 목구멍喉 · 숨息 배꼽へそ · 뼈骨

「息(숨)」는 '숨'이나 '호흡'이라는 뜻으로 쓰인 관용구가 많습니다. 「へそ(배꼽)」에 관한 관용구는 매우 적은 편으로, 그나마 쓰이는 것들도 각 단어들의 뜻으로는 상상하기 어려운 경우가 대부분입니다. 「骨(뼈)」는 '노력'이나 '수고'의 뜻으로 쓰이는 관용구가 눈에 띕니다.

필수 표현

□□ 01

喉から手が出る
몹시 탐이 나다

この録音機は、喉から手が出るほど欲しかったものです。
이 녹음기는 몹시 탐이 났던 것입니다.

□□ 02

息が合う
호흡이 맞다

彼らのパフォーマンスは全員の息がぴったりと合って、見事なものでした。
그들의 공연은 모두의 호흡이 딱 맞아서 볼만했습니다.

□□ 03

息が切れる
① 숨차다, 헐떡이다　② 중도포기하다

① 階段を駆け上ってきたので、息が切れてしまいました。
　계단을 빠르게 올라왔기 때문에 숨이 찼습니다.
② 語学の勉強は上手に計画しないと途中で息が切れてしまいます。
　어학 공부는 잘 계획하지 않으면 도중에 포기하게 되어 버립니다.

□□ 04

息が詰まる
① 숨이 막히다, 갑갑하다　② (숨이 막힐 정도로) 매우 긴장하다

① 彼は息が詰まりそうな狭い部屋にこもって作業をしています。
　그는 갑갑한 좁은 방에 틀어박혀 작업을 하고 있습니다.
② あの気難しい人と一緒にいると、息が詰まりそうになります。
　그 까다로운 사람과 함께 있으면 매우 긴장하게 됩니다.

□□ 05

へそを曲げる
토라지다, 심통을 부리다

彼女は私の言ったことにすっかりへそを曲げてしまいました。
그녀는 내 말에 완전히 토라져버렸습니다.

□□ 06

骨が折れる
힘이 들다, 고생이다

テストの採点は、骨の折れる仕事です。
시험 채점은 힘이 드는 일입니다.

07

骨に刻む
마음에 깊이 새기다

ゲームに敗れた屈辱を骨に刻んで、来年また挑戦いたします。
시합에 진 굴욕을 마음에 깊이 새기고 내년에 다시 도전하겠습니다.

08

骨を折る
애를 쓰다, 수고를 하다

考えがばらばらな部下たちを統率するのには、いつも骨を折ります。
생각이 제각각인 부하들을 통솔하는 것에는 언제나 애를 씁니다.

표현 UP

09

喉が鳴る
몹시 먹고 싶어지다

テレビで高級バイキングの豪華な料理を見て、思わず喉が鳴りました。
텔레비전에서 고급 뷔페의 호화로운 요리를 보고 무심코 먹고 싶어졌습니다.

□□ 10

へそで茶を沸かす

(너무 우스워서) 배꼽을 쥐다, 우습기 짝이 없다

猫が笑うなんて主張は、へそで茶を沸かします。
고양이가 웃는다는 주장은 우습기 짝이 없습니다.

□□ 11

骨と皮

매우 야윔

難民キャンプの子どもたちは、骨と皮ばかりの痛ましい状態でした。
난민캠프의 아이들은 뼈와 가죽만 남은 참혹한 상태였습니다.

□□ 12

骨に徹する

뼈에 사무치다

骨に徹する酷寒の中で、彼らは災害の復旧作業を続けました。
뼈에 사무치는 혹한 속에 그들은 재해 복구 작업을 계속했습니다.

□□ 13

骨になる

죽다, 죽어서 유골이 되다

何年も音沙汰がないということは、あの男はすでに骨になっているかもしれませんね。
몇 년이나 소식이 없다는 것은, 그 남자는 이미 죽었을지도 모릅니다.

☐☐ 14 ------

骨身を惜しまず
고생을 마다않고

彼は骨身を惜しまず一生懸命働いています。
그는 고생을 마다않고 열심히 일하고 있습니다.

☐☐ 15 ------

骨を惜しむ
수고를 아끼다, 게으름 피우다

彼は骨を惜しんでばかりいて、自分に都合のいいことしか考えません。
그는 게으름만 피우고 자신의 상황에 유리한 것 밖에 생각하지 않습니다.

PART 04

사람의 정신·마음

UNIT 01 정신·마음 気
UNIT 02 마음 心

UNIT 01 정신·마음 気

「気(정신·마음)」는 '마음'과 관련된 폭넓은 뜻으로 사용되는데, 마음이 가진 '에너지'와 같은 뜻을 나타내기도 합니다. '의식'이라는 의미로 사용된 관용구도 많으며, '호감', '기력', '참을성'과 같은 의미로 사용되기도 합니다.

필수 표현

☐☐ 01

いい気になる
우쭐해지다

クラスでトップになったからって、いい気になるんじゃありませんよ。
반에서 일등이 되었다고 우쭐해지면 안돼요.

☐☐ 02

気が合う
마음이 맞다

私は気の合う仲間と一緒に食事をする時が一番幸せです。
나는 마음이 맞는 친구와 함께 식사를 할 때가 가장 행복합니다.

□□ 03

気がある
(이성에) 관심이 있다

彼女は君に気があるようだよ。
그녀는 너에게 관심이 있는 것 같아.

□□ 04

気が置けない
마음을 터 놓을 수 있다

気の置けない友達と一緒に旅行に行くのは、とても楽しいことです。
마음을 터 놓을 수 있는 친구와 함께 여행을 가는 것은 아주 즐거운 일입니다.

□□ 05

気が重い
마음이 무겁다, 내키지 않는다

今日は気難しい先生に会いに行かなければならないと思うと、気が重いです。
오늘은 성질이 까다로운 선생님을 만나러가야만 한다고 생각하니 마음이 무겁습니다.

□□ 06

気が利く
자잘한 데까지 신경쓰다

彼は接客業に従事してきたので、よく気が利きます。
그는 접객업에 종사해 와서 자잘한 데까지 신경을 잘 씁니다.

□□ 07

気が気でない
(마음에 걸리는 것이 있어) 안절부절 못하다

私は試験の結果がどうなったかを考えると気が気ではありませんでした。
나는 시험 결과가 어떻게 되었는지를 생각하면 안절부절 못했습니다.

□□ 08

気が進まない
마음이 내키지 않다

私は気が進まないままキャンプに参加しました。
나는 마음이 내키지 않은 채 캠프에 참가했습니다.

□□ 09

気が済む
마음이 홀가분해지다, 마음이 진정되다

彼の悪口を言えば気が済むわけではありませんが、それでも悪口を言わずにはいられません。
그의 욕을 한다고 마음이 홀가분해지는 것은 아니지만, 그래도 욕을 하지 않을 수 없습니다.

□□ 10

気が散る
마음이 산만해지다

人の話し声で気が散って、勉強に集中できません。
사람 말소리에 마음이 산만해져서 공부에 집중할 수 없습니다.

□□ 11

気が付く

①생각이 미치다, 깨닫다 ②정신이 들다

① 何年も後になって、私は自分のしてきたことに気が付きました。
몇 년이나 지나, 나는 자신이 무엇을 해 왔는지 깨달았습니다.

② 気が付くと、私は病院のベッドで寝ていました。
정신이 들자 나는 병원의 침대에 누워 있었습니다.

□□ 12

気が強い

기가 세다

彼女は気が強くて、自分の考えが正しくても間違っていても、絶対に折れようとしません。
그녀는 기가 세서 자신이 생각이 맞든 틀리든, 절대로 굽히려고 하지 않습니다.

□□ 13

気が遠くなる

정신이 아찔해지다

私は事故の請求額を見て気が遠くなりました。
나는 사고 청구액을 보고 정신이 아찔해졌습니다.

□□ 14

気がない

관심이 없다

彼女は君に気がないようだから、デートに誘っても無駄だと思うよ。
그녀는 너에게 관심이 없는 것 같으니 데이트를 청해도 소용없을 거야.

□□ 15

気が長い
성미가 느긋하다

日本語学習10年計画だなんて、ずいぶん気が長いですね。
일본어 학습 10년 계획이라니, 꽤 성미가 느긋하네요.

□□ 16

気が抜ける
①맥이 빠지다, 긴장이 풀리다 ②(음료의) 김이 빠지다

① やる気満々だったのに、雨で試合が延期になって、すっかり気が抜けてしまいました。
의욕이 충만했는데 비로 시합이 연기되서 완전히 맥이 빠져버렸습니다.

② このビールは気が抜けてしまって、おいしくありません。
이 맥주는 김이 빠져버려서 맛이 없습니다.

□□ 17

気が早い
성미가 급하다

赤ちゃんが生まれたばかりなのにもう子ども服を買うなんて、ずいぶん気が早いですね。
아기가 이제 막 태어났는데 벌써 아동복을 사다니, 꽤 성미가 급하군요.

☐☐ 18

気が引ける
주눅이 들다, 기가 죽다

一度喧嘩別れしたことのある人に頼みごとをしに行くのは、本当に気が引けます。
한 번 싸우고 헤어진 일이 있는 사람에게 부탁을 하러 가는 것은 정말로 주눅이 듭니다.

☐☐ 19

気が短い
참을성이 없고 쉽게 화를 내다

彼は気が短くてすぐカッとなるから、近寄らない方がいいですよ。
그는 참을성이 없어서 바로 화를 내기 때문에 가까이 하지 않는 것이 좋아요.

☐☐ 20

気が向く
마음이 내키다

気が向いたらいつでも遊びに来てください。
마음이 내키면 언제든지 놀러 오세요.

☐☐ 21

気が弱い
자신감이 없다, 소심하다

彼は気が弱いので、不満があっても言えなくて我慢してしまいます。
그는 소심해서 불만이 있어도 말하지 못하고 참고 맙니다.

☐☐ 22

気が楽だ
마음이 편하다

休みの日はいやな上司と顔を合わせなくていいと思うと、気が楽です。
쉬는 날은 싫어하는 상사와 얼굴을 마주하지 않아도 된다고 생각하면 마음이 편합니다.

☐☐ 23

気に入る
마음에 들다, 만족하다

そのカップ、気に入りましたか。
그 컵 마음에 들었습니까?

☐☐ 24

気に掛かる
마음에 걸리다, 걱정이 되다

台風が近付いて来たので、旅行に行った子どものことが気に掛かって眠れません。
태풍이 다가오고 있기 때문에 여행을 간 아이가 걱정이 되서 잠을 잘 수 없습니다.

☐☐ 25

気に食わない
마음에 들지 않다, 불만이다

彼のどこが気に食わなくて、そんなにいつも悪く言うんですか。
그의 어디가 마음에 들지 않아서 그렇게 항상 나쁘게 말합니까?

□□ 26

気に障る
비위에 거슬리다, 심기를 상하게 하다

私の言葉の何が気に障ったのか、彼は急に黙って私のことを無視し始めました。
나의 말의 무엇이 비위에 거슬렸는지, 그는 갑자기 입을 다물고 나를 무시하기 시작했습니다.

□□ 27

気にする
걱정하다, 마음에 두다, 신경쓰다

それは子どもの言ったことですから、気にしないでください。
그것은 아이가 하는 말이니 마음에 두지 말아요.

□□ 28

気になる
걱정이 되다, 마음에 걸리다, 신경이 쓰이다

夕べは彼女の言ったことが気になって、眠れませんでした。
어젯밤에는 그녀가 한 말이 마음에 걸려서 잠을 자지 못했습니다.

□□ 29

気を入れる
마음을 쏟다, 열심이다

学科で首席になりたいなら、もっと気を入れて勉強する必要がありますよ。
학과에서 수석이 되고 싶다면 더 열심히 공부할 필요가 있어요.

☐☐ 30

気を配る
두루 마음을 쓰다, 배려하다

自分のことばかり考えないで、もう少し回りに気を配ったらどうですか。
자기만 생각하지 않고 좀더 주변에 마음을 쓰면 어떨까요?

☐☐ 31

気を使う
신경을 쓰다, 배려하다

彼は私たちに気を使って、ゆっくりとした日本語で話してくれました。
그는 우리들을 배려해서 일본어로 천천히 이야기해 주었습니다.

☐☐ 32

気を付ける
조심하다, 주의하다

最近はインターネットや携帯の詐欺が多いですから、気を付けてください。
최근에는 인터넷이나 휴대전화 사기가 많으니까 조심하세요.

표현 UP

☐☐ 33

気がいい
인간성이 좋다, 성품이 좋다

彼は気がいいので、頼みごとはいつも快く引き受けてくれます。
그는 인간성이 좋아서 부탁하는 것은 언제나 기분 좋게 들어줍니다.

□□ 34

気が多い
변덕스럽다

彼はいい人なのだけれど、気が多くて困ります。
그는 좋은 사람이지만 변덕스러워서 곤란합니다.

□□ 35

気が知れない
무슨 생각을 하고 있는지 모르겠다

彼女は気が知れないところがあるため、なかなか友達ができません。
그녀는 속마음을 알 수 없는 점이 있어서 좀처럼 친구가 생기지 않습니다.

□□ 36

気が急く
마음이 조급해지다

原稿の締め切りに追われて気が急いているところへ友達に遊びに来られて、本当に困りました。
원고 마감에 쫓겨서 마음이 조급한 와중에 친구가 놀러와서 정말로 곤란했습니다.

□□ 37

気が立つ
안절부절못하다, 흥분하다

彼女は出場前は気が立っているので、話しかけない方がいいですよ。
그녀는 시합 전에는 흥분해 있기 때문에 말을 걸지 않는 것이 좋아요.

38

気が違う
미치다, 실성하다

学校をやめるなんて、彼は気でも違ってしまったんじゃありませんか。
학교를 그만두다니 그는 실성이라도 한 것 아닙니까?

39

気が詰まる
거북하게 느껴지다

昨日大喧嘩をした同僚とまた机を並べて座っている間、気が詰まる思いでした。
어제 큰 싸움을 한 동료와 다시 책상을 나란히 하고 앉아 있는 동안 거북하게 느껴졌습니다.

40

気が乗らない
할 마음이 안 생기다, 의욕이나 흥미가 떨어지다

今日は気が乗らないので、作業はやめにして食事にでも行きましょう。
오늘은 할 마음이 안 생기니 작업은 그만두고 식사라도 하러 갑시다.

41

気が晴れる
마음이 개운해지다, 후련해지다

彼女は泣きたいだけ泣いたら、やっと気が晴れたようでした。
그녀는 울고 싶은 만큼 울자 겨우 마음이 개운해진 것 같았습니다.

□□ 42

気晴らし

기분 전환

気晴らしに、ちょっと散歩に行ってきます。
기분 전환하러 잠깐 산책하러 갔다오겠습니다.

□□ 43

気を失う

의식을 잃다, 기절하다

彼はいきなり口から泡を吹き、気を失って倒れました。
그는 갑자기 입에서 거품을 뿜고 의식을 잃고 쓰러졌습니다.

□□ 44

気を落とす

실망하다, 낙심하다

また挑戦する機会はありますから、そんなに気を落とさないでください。
또 도전할 기회는 있으니까 그렇게 낙심하지 마세요.

□□ 45

気を取られる

다른 데에 정신을 뺏기다, 주의를 빼앗기다

政治家(せいじか)は、国民(こくみん)が他(ほか)の問題(もんだい)に気(き)を取(と)られている間(あいだ)に重要(じゅうよう)な法案(ほうあん)をこっそり通(とお)すものです。
정치인들은 국민들이 다른 문제에 정신을 빼앗긴 사이에 중요한 법안을 몰래 통과시키기 마련입니다.

□□ 46

気(き)を取(と)り直(なお)す
마음을 돌려 다시 힘을 내다

失敗(しっぱい)した時(とき)は、もうやめようかと思(おも)いましたが、気(き)を取(と)り直(なお)して再(ふたた)び挑戦(ちょうせん)しました。
실패했을 때는 이제 그만둘까 생각했지만 마음을 고쳐먹고 다시 도전했습니다.

□□ 47

気(き)を抜(ぬ)く
긴장을 늦추다

高速道路(こうそくどうろ)はとても危険(きけん)ですから、走行中(そうこうちゅう)は一瞬(いっしゅん)も気(き)を抜(ぬ)いてはいけません。
고속도로는 매우 위험하기 때문에 주행 중에는 한순간도 긴장을 늦춰서는 안됩니다.

□□ 48

気(き)を晴(は)らす
기분을 풀다, 스트레스를 해소하다

嫌(いや)なことがあった日(ひ)は、友達(ともだち)とおしゃべりをして気(き)を晴(は)らします。
궂은 일이 있는 날은 친구와 수다를 떨며 기분을 풉니다.

□□ 49

気を張る
마음을 다잡다

私は常に気を張って仕事をしています。
나는 언제나 마음을 다잡고 일을 하고 있습니다.

□□ 50

気を持たせる
기대를 갖게 하다

あいまいな返事をして相手に気を持たせるのは、あまりよくないですよ。
애매한 대답을 해서 상대에게 기대를 갖게 하는 것은 별로 좋지 않아요.

□□ 51

気を揉む
마음을 졸이다, 걱정으로 안절부절 못하다

大学生の息子が夜遅くなっても連絡をしてこないので、家中が気を揉んでいました。
대학생 아들이 밤 늦게까지도 연락을 해오지 않아서 온 집안이 마음을 졸이고 있었습니다.

□□ 52

気を許す
방심하다, 경계를 풀다

四方八方から敵が攻めてくるので、一瞬も気を許すことができません。
사방팔방에서 적이 공격해 오기 때문에 한순간도 방심할 수 없습니다.

□□ 53

気をよくする
만족해 하다, 기분이 좋아지다

最初の商品がヒットして気をよくした社長は、ただちに次の商品の企画に取り掛かりました。
첫 상품이 히트해서 만족한 사장은 즉시 다음 상품 기획에 착수했습니다.

□□ 54

気を悪くする
기분이 상하다, 불쾌해지다

彼も悪気があって言ったわけではありませんから、そんなに気を悪くしないでください。
그도 악의가 있어서 한 말은 아니니까 그렇게 기분 나빠하지 마세요.

UNIT 02 마음 心

「心(마음)」는 주로 '희로애락'이나 '사랑', '믿음', '의지'과 같은 의미를 나타내는 경우가 많습니다. 또 감동하는 마음도 「心」로 표현합니다.

필수 표현

☐☐ 01 ------

心が騒ぐ
안절부절못하다, 불안해지다

今夜は彼氏から電話がないので、何かあったのではないかと心が騒ぎました。
오늘 밤은 남자친구에게 전화가 없어서 무슨일이 있는 건 아닌가 안절부절못했습니다.

tip 비슷한 표현으로 「胸が騒ぐ(안절부절못하다)」가 있음.

☐☐ 02 ------

心にもない
마음에도 없다, 본심이 아니다

「すばらしいですねえ」と彼は心にもないことを言いました。
"훌륭하네요"라고 그는 마음에도 없는 말을 했습니다.

□□ 03

心を合わせる
여럿이 마음을 합하다, 협력하다

平和維持のためには、世界中の人々が心を合わせる必要があります。
평화유지를 위해서는 온 세계의 사람들이 마음을 합칠 필요가 있습니다.

□□ 04

心を動かす
①마음을 움직이다, 감동시키다　②흥미를 느끼다

① 人権擁護を訴える彼の言葉は人々の心を動かし、大きな社会運動となりました。
인권옹호를 호소하는 그의 말은 사람들의 마음을 움직여 큰 사회운동이 되었습니다.

② 社長は、普通のアイデアではなかなか心を動かしません。
사장님은 보통의 아이디어에는 좀처럼 흥미를 느끼지 않습니다.

□□ 05

心を打つ
마음에 와 닿다, 감동시키다

彼の書く小説はいつも読者の心を打ちます。
그가 쓰는 소설은 언제나 독자를 감동시킵니다.

□□ 06

心を配る
배려하다, 마음을 쓰다

彼女は顧客の生活を改善することにも心を配っています。

그녀는 고객의 생활을 개선하는 데에도 마음을 쓰고 있습니다.

☐☐ 07 ------

心を込める

마음을 담다, 진심을 담다

彼女は心を込めてその手紙を書きました。

그녀는 진심을 담아 그 편지를 썼습니다.

☐☐ 08 ------

心を許す

믿다, 신뢰하다

あの男は詐欺まがいのことをよくやるから、心を許さない方がいいですよ。

그 남자는 사기 같은 짓을 자주 하니까 믿지 않는 것이 좋아요.

> **tip** 이 표현은 「気を許す(방심하다, 경계를 풀다)」와 의미가 비슷하지만 방심보다는 신뢰의 뜻이 더 강함.

표현 UP

☐☐ 09 ------

心が弾む

마음이 들뜨다

UNIT 02 마음 | **169**

彼と結婚して新しい生活が始まると思うと、心が弾みます。
그와 결혼해서 새로운 생활이 시작된다고 생각하니 마음이 들뜹니다.

☐☐ 10

心に掛ける
마음에 담아 두다, 신경 쓰다

私のような者まで心に掛けてくださって、何と申し上げたらいいか分かりません。
저 같은 사람까지 신경 써 주시다니, 뭐라고 해야 좋을지 모르겠습니다.

tip 비슷한 표현으로 「心に留める(마음에 두다)」가 있음.

☐☐ 11

心を入れ替える
마음을 고쳐 먹다, 새 사람이 되다

今日から心を入れ替えて、一生懸命勉強します。
오늘부터 마음을 고쳐 먹고 열심히 공부하겠습니다.

☐☐ 12

心を鬼にする
마음을 독하게 먹다

親は子どもの成長のために、時に心を鬼にして厳しく突っぱねなければならないこともあります。
부모는 아이의 성장을 위해 때로는 마음을 독하게 먹고 엄하게 거절해야만 하는 경우도 있습니다.

□□ 13

心を砕く
ころ　くだ

고심하다, 여러가지로 신경쓰다

このプログラムでは、受講生たちの実力が上がるように心を砕いています。
이 프로그램에서는 수강생들의 실력이 올라가도록 고심하고 있습니다.

□□ 14

心を引く
ころ　ひ

마음을 끌다

このイベントはきっと主婦たちの心を引くはずです。
이 행사는 반드시 주부들의 마음을 끌 것입니다.

> **tip** 「気を引く」가 관심을 끈다는 뜻이 강한 데 비해, 「心を引く」는 매료한다는 뜻이 강함.

□□ 15

心を寄せる
ころ　よ

호감을 갖다, 좋아하다

彼女は学生のころから心を寄せていた男性と結婚しました。
그녀는 학생 때부터 좋아하던 남성과 결혼했습니다.

PART 05

사람의 의식주

UNIT 01 입다着る・벗다脱ぐ
UNIT 02 먹다食う・마시다飲む, 呑む
UNIT 03 살다住む

UNIT 01 　입다 着る ・ 벗다 脱ぐ

「着る(입다)」나「着せる(입히다)」는 '옷가지를 입다'라는 뜻 외에 '피해를 입다'와 같은 추상적인 의미로도 쓰입니다. 한편,「脱ぐ(벗다)」는 대부분 비유적인 의미로 쓰이는 경우가 많습니다.

필수 표현

□□ 01

恩に着せる
생색을 내다, 공치사하다

彼は手伝ってくれるのはいいんだけど、すぐ恩に着せるのが欠点です。
그는 도와주는 것은 좋지만 바로 생색을 내는 것이 흠입니다.

□□ 02

罪を着せる
남에게 잘못이나 책임을 뒤집어씌우다

彼は自分のやったことで彼女に罪を着せるなんて、ひどい男です。
그는 자신이 한 짓을 그녀에게 죄를 뒤집어 씌우려고 하다니, 형편없는 남자입니다.

□□ 03

濡れ衣を着せる
무고한 죄를 쓰다

彼は殺人犯という濡れ衣を着せられて、一生を刑務所で過ごしました。
그는 살인범이라는 무고한 죄를 쓰고, 평생을 형무소에서 보냈습니다.

□□ 04

一肌脱ぐ
발 벗고 나서다, 힘이 되어 주다

彼は地域のために一肌脱いで、広報ビデオに出演しました。
그는 지역을 위해 발 벗고 나서서 홍보 비디오에 출연했습니다.

표현 UP

□□ 05

恩に着る
은혜를 기억하다

危ないところを助けてくれてありがとう。恩に着るよ。
위기에서 구해줘서 고마워. 이 은혜는 꼭 갚을게.

□□ 06

笠に着る
권력이나 세력을 믿고 뻐기다

あの天下り社長は、自分の地位を笠に着て威張り散らしています。
저 낙하산 사장은 자신의 지위를 믿고 마구 으스대고 있습니다.

□□ 07 --

かぶとを脱ぐ
이길 수 없다, 인정할 수 밖에 없다

彼女のユーモアのセンスにはかぶとを脱ぎます。
그녀의 유머 센스에는 이길 수 없습니다.

□□ 08 --

かみしもを着る
격식을 차리다, 딱딱한 태도를 취하다

いくら公式の場だからといって、そんなかみしもを着た態度では、場の雰囲気が硬くなってしまいます。
아무리 공식적인 자리라고 해도 그런 격식을 차린 태도로는 그곳의 분위기가 딱딱해져 버립니다.

□□ 09 --

かみしもを脱ぐ
딱딱한 태도를 버리다, 마음을 터놓다

社会人にとって、お酒を飲むというのは、かみしもを脱いで互いに打ち解けることです。
사회인에게 술을 마신다는 것은 딱딱한 태도를 버리고 서로 마음을 터놓는 것입니다.

UNIT 02 먹다 食う / 마시다 飲む, 呑む

관용구 중에는 「食べる(먹다)」보다 「食う(먹다)」가 사용된 표현이 많이 있습니다. 「食う」의 쓰임 중 눈에 띄는 것은 '소비한다'는 뜻입니다. 한편, 「飲む(마시다)」는 「呑む(마시다)」라고도 하는데, 여러 가지 비유적인 용법으로 많이 사용됩니다.

필수 표현

□□ 01

いっぱい食わす
감쪽같이 속다

彼を信じて手を貸してあげたら、いっぱい食わされてしまいました。
그를 믿고 도와줬는데, 감쪽같이 속았습니다.

□□ 02

気に食わない
마음에 들지 않다, 불만이다

彼は私のすることがいちいち気に食わないようです。
그는 내가 하는 일이 하나하나 마음에 들지 않는 것 같습니다.

UNIT 02 먹다·마시다 177

□□ 03

食うか食われるか
먹느냐 먹히느냐, 목숨을 건 승부

そのゲームは私たちにとっては食うか食われるかの戦いです。
그 게임은 우리들에게 있어서 먹느냐 먹히느냐의 싸움입니다.

□□ 04

その手は食わない
그 수에는 안 넘어간다, 그런 방법에는 속지 않는다

笑ってごまかそうったって、その手は食いませんよ。
웃어 넘어가려고 하다니, 그 수에는 안 넘어갑니다.

□□ 05

道草を食う
도중에 다른 일로 시간을 허비하다

息子の帰りが遅いと思っていたら、友達の家で道草を食っていました。
아들의 귀가가 늦어진다고 생각했더니, 친구의 집에서 시간을 허비하고 있었습니다.

tip 말이 길가의 풀을 뜯어먹느라 멈춰서 목적지에 도착하는 시간이 지체된 데서 유래되었음.

□□ 06

息を呑む
숨을 죽이다, 숨을 멈추다

夜空の花火は息を呑むほど美しかったです。
밤하늘의 불꽃은 숨을 멈출 정도로 아름다웠습니다.

☐☐ 07

生唾を飲み込む
군침을 삼키다, 몹시 탐내다, 눈독을 들이다

彼は長年探していた幻の本を見せられ、思わず生唾を飲み込みました。
그는 오랫동안 찾고 있던 전설의 책을 발견하고, 무심코 군침을 삼켰습니다.

☐☐ 08

涙を呑む
눈물을 삼키다, 눈물을 머금다

私の応援するチームは９回の裏に逆転ホームランを打たれて、惜しくも涙を呑みました。
내가 응원하는 팀은 9회 말에 역전 홈런을 맞아서 아쉽게도 눈물을 삼켰습니다.

표현 UP

☐☐ 09

泡を食う
질겁하다, 몹시 당황하다

泥棒は、いきなり現れた警官に、泡を食って逃げ出しました。
도둑은 갑자기 나타난 경찰관에 질겁해서 도망쳤습니다.

☐☐ 10

同じ釜の飯を食う
한솥밥을 먹다, 동고동락하다

社長と私は、同じ釜の飯を食った仲です。
사장과 나는 한솥 밥을 먹었던 사이입니다.

□□ 11

食うや食わず
먹는 것조차 아낌, 가난한 생활

彼は給料前になると、いつも食うや食わずの生活になります。
그는 월급날이 가까워지면 항상 먹는 것조차 아끼는 생활이 됩니다.

□□ 12

食わず嫌い
덮어놓고 싫어함

彼が小説を読まないのは、単に食わず嫌いだからです。
그가 소설을 읽지 않는 것은 단순히 덮어놓고 싫어하기 때문입니다.

□□ 13

年を食う
나이를 먹다

彼は見かけよりだいぶ年を食っています。
그는 보기보다 상당히 나이를 먹었습니다.

□□ 14

人を食う
사람을 깔보다, 무시하다

私は彼の人を食った態度にどうしても腹が立ちます。
나는 그의 사람을 깔보는 태도에 아무래도 화가 납니다.

□□ 15

鵜呑みにする

(제대로 이해하지 않고) 그대로 받아들이다

学んだことを鵜呑みにするのではなく、きちんと理解して自分のものにする必要があります。
배운 것을 그냥 그대로 받아들이는 것이 아니라, 확실히 이해해서 자신의 것으로 할 필요가 있습니다.

□□ 16

固唾を呑む

(긴장해서) 마른침을 삼키다

決勝戦は接戦となり、観衆は固唾を呑んで見守りました。
결승전은 접전이 되어 관중은 마른침을 삼키고 지켜봤습니다.

□□ 17

清濁併せ呑む

청탁병탄, 도량이 커서 어떤 사람이든 받아들이다

リーダーになるには、清濁併せ呑む度量の大きさが必要です。
리더가 되려면, 청탁병탄할 수 있는 큰 배짱이 필요합니다.

UNIT 03 살다 住む

「住む(살다)」는 '거주한다'는 뜻입니다. 같은 발음이지만 「棲む(살다)」라고 쓰면 '서식한다'는 뜻이 되므로 주의해야 합니다.

필수 표현

☐☐ 01

一つ屋根の下に住む
한지붕 밑에서 살다, 함께 살다, 한가족이 되다

好きな人と一つ屋根の下に住むというのは幸せなことです。
좋아하는 사람과 한가족이 된다는 것은 행복한 일입니다.

PART 06

생물

UNIT 01 고양이猫・개犬・소牛・말馬
UNIT 02 호랑이虎・뱀蛇・원숭이猿・쥐ねずみ
UNIT 03 새鳥・참새雀・까마귀鳥・학鶴
오리鴨・매鷹
UNIT 04 물고기魚・도미鯛・고등어鯖
UNIT 05 기타 생물

UNIT 01 고양이 猫 · 개 犬
소 牛 · 말 馬

「猫(고양이)」는 일본에서 사랑받는 동물이다 보니, 고양이와 관련된 관용구 또한 많은 편입니다. 「犬(개)」도 친숙한 동물인데, 좀 불쌍한 동물이라는 인상이 있습니다. 「牛(소)」와 관련해서는 소의 모습에서 따온 관용구가 있습니다. 「馬(말)」는 관용구에서는 특별한 개성이 없는 것이 특징입니다.

필수 표현

☐☐ 01

猫の手も借りたい
고양이 손이라도 빌리고 싶다, 매우 바쁘다, 일손이 모자라다

ここ数日、商品の注文が殺到して、猫の手も借りたいほど忙しいです。
요 며칠 상품 주문이 쇄도해서 고양이 손이라도 빌리고 싶을 정도로 바쁩니다.

☐☐ 02

猫の額
매우 좁음

A 庭があるなんて、すごいですね。
정원이 있다니 굉장하군요.

B いやあ、猫の額みたいなものです。
아니에요, 고양이 이마 같은 것입니다.

☐☐ 03

猫をかぶる

얌전한 체하다, 점잖은 척하다

彼は何も知らないふりをしていますが、本当は猫をかぶってるんです。
그는 아무것도 모르는 체하고 있지만, 사실은 점잖은 척을 하고 있는 것입니다.

☐☐ 04

犬の遠吠え

겁쟁이가 뒤에 숨어서 허세를 부리며 상대를 비난함

ネット掲示板で騒ぎ立てている連中は、犬の遠吠えのようなものだから、恐れるに値しません。
인터넷 게시판에서 떠들어대고 있는 무리는, 숨어서 비난하는 겁쟁이들이니 두려워할 가치가 없습니다.

☐☐ 05

犬も食わない

아무도 거들떠보지 않다, 누구나 싫어하다

犬も食わない夫婦喧嘩を仲裁するなんて、ばかげてます。
개도 안 말린다는 부부싸움을 중재한다니, 어리석습니다.

☐☐ 06

犬猿の仲

견원지간, 사이가 나쁨

昔、呉の国と越の国は犬猿の仲だったと言われています。
옛날 오나라와 월나라는 견원지간이었다고 합니다.

07

馬が合う
서로 마음이 맞다, 의기투합하다

一度一緒に仕事をしたイラストレーターと馬が合い、その後ずっと交流が続いています。
한번 함께 일을 한 삽화가와 서로 마음이 맞아서, 그 뒤로 계속 교류가 이어지고 있습니다.

표현 UP

08

借りてきた猫
평소와 다르게 얌전함

初めて訪問した家で、息子は借りてきた猫のように大人しくなっていました。
처음 방문한 집에서 아들은 평소와는 다르게 얌전하게 있었습니다.

09

猫の子一匹いない
인적이 전혀 없다

深夜のオフィス街は、昼間と打って変わって猫の子一匹いないので、かなり怖いですよ。
심야의 오피스 거리는 낮과는 완전히 달라져 인적이 전혀 없기 때문에 꽤 무서워요.

☐☐ 10

猫の目
ねこ　め

변화가 빈번히 일어남

今度の部長は方針を猫の目のようにころころ変えるので、部内にはうんざりした気分が漂っています。
이번 부장님은 방침을 자주 바꾸기 때문에 내부에는 지긋지긋한 분위기가 감돌고 있습니다.

☐☐ 11

猫も杓子も
ねこ　しゃくし

어중이떠중이, 누구나

今は猫も杓子も英語を勉強していますが、上手になる人は少ないですね。
지금은 어중이떠중이 모두 영어를 공부하지만 유창해지는 사람은 적습니다.

☐☐ 12

牛のよだれ
うし

가늘고 길게 지속됨

商いは牛のよだれと言いますから、あまり拡張しないで無理せず続けた方がいいんです。
장사는 소의 침처럼 가늘고 길게 하라는 말이 있으니 너무 확장하지 말고 무리하지 않고 계속하는 것이 좋습니다.

☐☐ 13

馬の背を分ける
うま　せ　わ

비가 국지적으로 내리다

私^{わたし}たちは、突然大雨^{とつぜんおおあめ}に見舞^{みま}われましたが、馬^{うま}の背^せを分^わける夏^{なつ}の雨^{あめ}で、少^{すこ}し先^{さき}の道^{みち}は乾^{かわ}いていました。
우리들은 돌연 큰 비를 만났지만 국지적으로 내리는 여름 비여서 조금 앞의 길은 말라 있었습니다.

□□ 14 ------

どこの馬^{うま}の骨^{ほね}
내력을 알 수 없는 사람

どこの馬^{うま}の骨^{ほね}か分^わからない人間^{にんげん}と一緒^{いっしょ}に事業^{じぎょう}を起^おこすなんて、できません。
어디서 굴러먹던 사람인지 알 수 없는 사람과 함께 사업을 벌인다니, 못합니다.

□□ 15 ------

馬脚^{ばきゃく}を現^{あらわ}す
마각을 드러내다, 가려져 있던 것이 드러나다, 꼬리를 드러내다

脱原発^{だつげんぱつ}を主張^{しゅちょう}していたその議員^{ぎいん}は、原発推進派^{げんぱつすいしんは}の首相^{しゅしょう}を支持^{しじ}することで、馬脚^{ばきゃく}を現^{あらわ}しました。
탈원자력발전을 주장하고 있던 그 의원은 원자력발전소 추진파인 수상을 지지함으로써 마각을 드러냈습니다.

UNIT 02 호랑이虎・뱀蛇 원숭이猿・쥐ねずみ

「虎(とら)(호랑이)」와 관련된 관용구를 보면 비현실적인 인상이 강하고, 「蛇(へび)(뱀)」는 관용구에서는 「蛇(じゃ)」라고 읽는 경우도 많아, 두 가지 독음이 다 쓰이는 것도 있습니다. 「猿(さる)(원숭이)」에 관련된 관용구 중에는 사람을 닮았지만 몸뚱이가 작아서 익살스럽고, 엉덩이가 빨가며, 나무에 잘 올라가는 등의 습성에서 유래된 것들이 있습니다. 「ねずみ(쥐)」는 예나 지금이나 없애야 할 구제 대상이라는 인상을 줍니다.

필수 표현

☐☐ 01

虎(とら)の巻(まき)
① 사용설명서, 안내서   ② 자습서

① 虎(とら)の巻(まき)が付(つ)いた折(お)り紙(がみ)セットが売(う)られているそうです。
사용설명서가 딸린 종이접기 세트가 팔리고 있다고 합니다.

② 教科書(きょうかしょ)の虎(とら)の巻(まき)に頼(たよ)るよりは、授業(じゅぎょう)をよく聞(き)いた方(ほう)が勉強(べんきょう)になると思(おも)います。
교과서의 자습서에 의지하기 보다는 수업을 잘 듣는 편이 공부가 될 거에요.

☐☐ 02

長蛇(ちょうだ)の列(れつ)
장사진, 길게 줄을 들어선 모양

新しいゲーム機の発売日には、店の前に長蛇の列ができていました。
새로운 게임기의 발매일에는 가게 앞에 장사진이 생겼습니다.

표현 UP

□□ 03

虎の威を借る狐
호가호위하다, 남의 권세를 빌려 위세를 부리다

あの人は、実力もないのに社長に取り入って威張っているだけの、虎の威を借る狐です。
그 사람은 실력도 없는데 사장에게 아첨해서 으스대고 있을 뿐인, 호랑이의 위세를 빌린 여우입니다.

□□ 04

虎の子
끔찍이 아끼는 것, 비장의 금품

この背広は、虎の子をはたいて買いました。
이 양복은 아껴둔 돈을 털어서 샀습니다.

□□ 05

鬼が出るか蛇が出るか
앞날의 운명은 예측할 수 없다

鬼が出るか蛇が出るか分からない状態がいつも続いているのが、国際社会です。
예측할 수 없는 사태가 항상 이어지고 있는 것이 국제사회입니다.

☐☐ 06

蛇の道は蛇
동류의 사람끼리는 서로 사정을 잘 안다

蛇の道は蛇と言いますから、不良のやることは元不良の私にはよく分かります。
동류의 사람끼리는 서로 사정을 안다고 하니, 불량배들이 하는 짓은 원래 불량했던 내가 잘 압니다.

☐☐ 07

袋のねずみ
독 안에 든 쥐

袋のねずみになったはずの犯人がまだ捕まらないということは、誰かに殺されたのかもしれません。
독 안에 든 쥐와 같은 범인이 아직 잡히지 않는다는 것은, 누군가에게 죽임을 당한 것일지도 모릅니다.

UNIT 03 새鳥・참새雀・까마귀烏 학鶴・오리鴨・매鷹

「雀(참새)」는 동남아시아에서 동아시아, 중앙아시아, 그리고 유럽에까지 폭넓게 서식하는 새로, 한국뿐만 아니라 일본에서도 친숙한 새입니다. 「烏(까마귀)」의 한자를 보면 '鳥'와 비슷해 보이지만, 윗 부분이 '日'가 아니라 '口'로 되어 있습니다. 까마귀는 까매서 눈이 보이지 않아 눈을 나타내는 '一'자가 빠진 것입니다. 「鴨(오리)」는 맛이 좋고 꽤 먹을 만한 새입니다. 그래서 이익을 챙기기에 안성맞춤인 '봉'이라는 뜻을 나타내기도 합니다.

필수 표현

□□ 01

雀の涙
쥐꼬리만큼, 새발의 피, 아주 적은 양

私は雀の涙ほどの給料で、何とか家計をやりくりしています。
나는 쥐꼬리만한 급료로 어떻게든 생계를 꾸려 가고 있습니다.

□□ 02

鴨にする
봉으로 삼다, 자신의 이익을 위해 남을 이용하다

証券会社は個人投資家を鴨にするので、気を付ける必要があります。
증권회사는 개인투자가를 이용해 먹기 때문에 주의할 필요가 있습니다.

표현 UP

☐☐ 03

飛ぶ鳥を落とす勢い
나는 새도 떨어뜨리는 권세, 권력이나 권세가 대단함

創立当時から飛ぶ鳥を落とす勢いだったそのIT企業は、今や情報化社会をリードするまでになりました。
창립 당시부터 나는 새도 떨어뜨리는 권세였던 그 IT기업은 지금은 정보화 사회를 리드할 정도가 되었습니다.

☐☐ 04

烏合の衆
오합지졸, 규율도 없고 무질서한 병졸이나 군중

彼らは人数こそ多いけれど、烏合の衆だから恐れるに足りません。
그들은 인원수야말로 많지만 오합지졸이라서 두려워할 것이 없습니다.

☐☐ 05

烏の行水
까마귀 미역 감듯 간단한 목욕

うちの子は風呂に入ると5分で出てきてしまうんです。まるで烏の行水です。
우리 아이는 목욕을 하면 5분 만에 끝납니다. 마치 까마귀 미역 감듯 간단합니다.

06

鶴の一声
누구나 승복하는 강력한 권위가 있는 말

海外進出するかどうかで揉めていた会議は、国内市場だけではリスクがあるという社長の鶴の一声で、決着が付きました。

해외 진출을 할지 말지 옥신각신한 회의는, 국내시장만으로는 위험이 있다는 사장님의 한마디로 결론이 났습니다.

UNIT 04 물고기 魚 · 도미 鯛 · 고등어 鯖

「魚(물고기, 생선)」는 「うお」 또는 「さかな」라고 읽습니다. 「さかな」는 원래 '술안주(さか[술]+な[음식])'라는 뜻이었지만, 시대가 흐름에 따라 '생선'을 나타내는 말로 일반화되어, 지금은 물고기와 생선을 구별하지 않고 사용하게 되었습니다.

필수 표현

□□ 01

水を得た魚のよう
물 만난 물고기

企画部に移った彼は、水を得た魚のように次々とヒット商品を企画していきました。
기획부로 이동한 그는 물 만난 물고기처럼 잇따라 히트 상품을 기획했습니다.

□□ 02

海老で鯛を釣る
약간의 노력으로 많은 이익을 얻다

彼が美人の奥さんと付き合うきっかけになったのは、ガラスの指輪をプレゼントしたことなんだそうです。まさに海老で鯛を釣ったわけですね。

그가 미인인 부인과 사귀는 계기가 된 것은 유리 반지를 선물한 일이라고 합니다. 그야말로 새우로 도미를 낚은 것이네요.

> tip 작은 새우로 도미와 같은 값진 고기를 잡는다는 뜻에서 유래되었음.

□□ 03

鯖を読む
수를 실제보다 많거나 적게 속이다

彼女は自分が19歳だって言ってるけど、かなり鯖を読んでるってうわさですよ。

그녀는 자신이 19세라고 말하지만, 꽤 속이고 있다는 소문이에요.

> tip 고등어는 대량으로 포획할 수 있는 생선으로, 이 고등어를 셀 때 헷갈린다는 말에서 수를 속인다는 의미의 「鯖を読む」가 유래되었음.

표현 UP

□□ 04

魚と水
밀접한 관계, 떨어질 수 없는 관계

人間と社会とは、言ってみれば魚と水のような関係にあります。

인간과 사회는 말하자면 물고기와 물과 같은 관계에 있습니다.

UNIT 05 기타 생물

옛날 사람들은 몸 속에서 사는 어떤 벌레가 우리의 정신과 감정에 영향을 준다고 생각했습니다. 그래서 「虫(벌레)」는 '예감', '기분' 등을 나타내는 관용구에 많이 쓰입니다.

필수 표현

□□ 01

腹の虫が治まらない
화가 나서 견딜 수 없다

あいつは僕の彼女を奪ったんです。一発殴ってやらなければ、腹の虫が治まりません。
그 녀석은 나의 여자친구를 빼앗았습니다. 한 방 세게 때려주지 않으면 화가 나서 견딜 수 없습니다.

□□ 02

虫がいい
자신에게 좋은 쪽으로만 생각하다

お金を預けたら2倍になって返ってくるなんて、そんな虫のいい話があるわけないでしょう。
돈을 맡기면 2배가 되어 돌아온다니, 그런 허황된 이야기가 있을 리 없지요.

□□ 03

虫が好かない
むし　す

어쩐지 마음에 들지 않다

あの人の態度はどうも虫が好かないから、相手をしたくありません。
저 사람의 태도는 어쩐지 마음에 들지 않아서 상대를 하고 싶지 않습니다.

□□ 04

虫の居所が悪い
むし　い どころ　わる

기분이 언짢다

彼は虫の居所が悪いのか、今日は私に会った時、ニコリともしませんでした。
그는 기분이 언짢은 것인지, 오늘은 나를 만났을 때 조금도 웃지 않았습니다.

표현 UP

□□ 05

虫が付く
むし　つ

미혼 여성에게 애인이 생기다

最近、娘の様子がおかしいので、悪い虫が付いたのではないかと心配です。
최근 딸의 모습이 이상해서 나쁜 애인이 생긴 것은 아닌가 걱정입니다.

tip 주로 딸에 대해 이야기할 때 쓰임.

虫の知らせ

좋지 않은 일이 일어날 것 같다고 느끼는 것

虫の知らせか、旅行に行きたくないという思いに駆られてキャンセルしたら、その飛行機は行方不明になりました。
불길한 예감이 들어 여행을 가고 싶지 않은 생각에 사로잡혀 취소했더니, 그 비행기는 실종되었습니다.

PART 07

자연

UNIT 01 산山・물水・하늘天, 空・땅土
UNIT 02 꽃花・나무木

UNIT 01 산山・물水 하늘天, 空・땅土

「山(산)」는 크고 높아서 넘어가기가 힘들고, 땅 위에 솟아오른 모습은 앞을 가로막는 장애물처럼 느껴집니다. 그래서 산은 관용구에서 '큰 고비를 넘는다'는 뜻을 나타내기도 하고, '많이 있다'는 의미로도 사용됩니다. 「水(물)」는 흘러가기도 하고 새기도 합니다. 그래서 '지난 일을 잊어 용서한다'는 뜻도 있고, '새어 나가지 않게 엄중하게 관리한다'는 뜻을 나타내기도 합니다. '하늘'에 해당하는 말로는 「空」와 「天」이 있습니다. 「空」는 공중이고, 「天」은 천공을 나타냅니다. 「空」는 또한 허공을 말하기도 합니다.

필수 표현

□□ 01

氷山の一角
빙산의 일각, 대부분 숨겨져 있고 보이는 것은 극히 일부분임

表面化している環境問題は、氷山の一角に過ぎません。
표면화되어 있는 환경문제는 빙산의 일각에 지나지 않습니다.

□□ 02

山が当たる
예상이 맞다

彼は数学がほとんどできないのに、今度の期末試験では山が当たって赤点を免れました。
그는 수학을 거의 못하는데도, 이번 기말시험에서는 예상이 맞아 낙제를 면했습니다.

☐☐ 03

山が見える
앞날이 내다 보이다, 완성까지 전망이 서다

先の見えなかった辞書編纂作業も、すべての原稿が仕上がり、ようやく山が見えてきました。
앞이 보이지 않았던 사전 편찬 작업도 모든 원고가 마무리되어, 드디어 앞날이 보이기 시작했습니다.

☐☐ 04

山ほどある
많이 있다

言いたいことは山ほどあったけれど、分かってくれるとは思えなかったので黙っていました。
말하고 싶은 것은 많이 있었지만, 알아주리라고는 생각하지 못했기 때문에 입을 다물고 있었습니다.

☐☐ 05

山分け
등분으로 나눔

ゲームで勝ったポイントをグループで山分けしました。
게임에서 이긴 포인트를 그룹으로 등분했습니다.

☐☐ 06

山を掛ける
요행을 바라다

試験で山を掛けることばかりやっていないで、もっと地道に勉強しなければ、実力は付きません。
시험에서 요행을 바라지만 말고, 좀 더 착실하게 공부하지 않으면 실력은 늘지 않습니다.

tip 비슷한 표현으로「山を張る(요행을 바라다)」가 있음.

□□ 07

水入らず

(남이 끼지 않은) 집안끼리

週末は家族水入らずで旅行に行って来ました。
주말은 가족끼리 여행을 다녀 왔습니다.

□□ 08

水にする

헛되게 하다

せっかくの好意を水にしてはいけないので、いただいた本で一生懸命日本語を勉強しました。
모처럼의 호의를 헛되게 해서는 안되기 때문에, 받은 책으로 열심히 일본어를 공부했습니다.

□□ 09

水に流す

물에 흘려 보내다, 과거의 일을 모두 없었던 것으로 하다

過ぎたことは水に流して、仲直りしませんか。
지난 일은 물에 흘려 보내고 화해하지 않겠습니까?

☐☐ 10

水の泡になる
물거품이 되다, 허사가 되다

ここで諦めたら、今までの努力が水の泡になってしまいます。最後まで諦めずに頑張りましょう。
여기에서 단념한다면 지금까지의 노력이 물거품이 되어버립니다. 끝까지 포기하지 말고 힘냅시다.

☐☐ 11

焼け石に水
언 발에 오줌누기

環境問題は、今や全人類が努力しても、すでに焼け石に水かもしれません。
환경문제는 이제는 전인류가 노력해도 이미 언 발에 오줌누기일지도 모릅니다.

☐☐ 12

他人の空似
남남끼리 우연히 닮음

田中さんだと思って挨拶しようと近付いたら、別人でした。他人の空似というのはあるものですね。
다나카 씨라고 생각해서 인사려고 다가갔는데, 다른 사람이었습니다. 남남끼리 우연히 닮았다는 것이 정말 있네요.

☐☐ 13

土になる
흙이 되다, 죽다

私は、土になるまで人権問題に取り組んでいきたいと思います。
나는 죽을 때까지 인권문제에 몰두하고 싶습니다.

표현 UP

□□ 14 ------

山を越す
고비를 넘기다

このプロジェクトも山を越したので、多少は余裕が出てきました。
이 프로젝트도 고비를 넘겨서 다소 여유가 생겼습니다.

> **tip** 비슷한 표현으로 「峠を越す(고비를 넘기다)」가 있는데, 이것은 주로 병에 대해서 쓰임.

□□ 15 ------

水が合わない
직업, 환경 등이 익숙해지지 않다

この業界はどうも私には水が合いません。
이 업계는 아무래도 나에게 맞지 않습니다.

□□ 16 ------

水掛け論
서로 자기 의견만 고집하고 계속 싸우는 것

水掛け論に終始する喧嘩は、見苦しいばかりか、発展にもなりません。
서로 자기 의견만 고집하며 시종일관하는 싸움은, 보기 흉할 뿐 아니라 발전도 되지 않습니다.

□□ 17

水と油
물과 기름, 상극

あの二人は性格が水と油で、いつも衝突ばかりしています。
저 두 사람은 성격이 물과 기름으로, 언제나 충돌하기만 합니다

□□ 18

水も漏らさぬ
①경계가 엄중함, 물 샐 틈 없는 ②두 사람 사이가 매우 좋음

① 国賓の来訪に、警察が水も漏らさぬ警戒態勢を敷いていました。
국빈 방문에 경찰이 물 샐 틈 없는 경계 태세를 갖추고 있습니다.
② 彼女と彼とは、水も漏らさぬ仲です。
그녀와 그는 매우 다정한 사이입니다.

□□ 19

水をあける
경쟁 상대를 크게 떼어 놓다

A選手は、B選手とゴール近くまで一位を争っていましたが、ラストで一気に水をあけて優勝しました。
A선수는 B선수와 결승선 근처까지 1위를 다투었지만, 마지막에 단숨에 상대를 떼어 놓고 우승했습니다.

□□ 20

水を打ったよう
물을 끼얹은 듯, 많은 사람들이 조용해지는 모양

その哲学者が演壇に立つと、聴衆は水を打ったように静まり返りました。
그 철학자가 연단에 서자 청중은 물을 끼얹은 듯이 아주 조용해졌습니다.

□□ 21

水を差す
좋은 사이나 잘 되어가는 일을 훼방놓다

私たちが仲直りしようとしているところへ彼が水を差すようなことを言ったせいで、話がこじれてしまいました。
우리들이 화해하려던 참에 그가 방해하는 듯한 말을 해서, 이야기가 복잡해졌습니다.

□□ 22

水を向ける
상대의 관심이 자신이 생각하는 쪽으로 쏠리도록 유인하다

実際にはどうだったのか知りたくて、彼女に水を向けてみましたが、何も話してくれませんでした。
실제로는 어땠는지 알고 싶어서 그녀를 유도해 보았지만, 아무 말도 해주지 않았습니다.

□□ 23

上の空
마음이 들뜸

昨夜のデートのことが忘れられなくて、今日は仕事中も上の空でした。
어젯밤 데이트가 잊혀지지 않아서, 오늘은 일하는 중에도 마음이 들떠 있었습니다.

□□ 24

空で
암기해서

彼女は一度聴いた歌は空で歌うことができます。
그녀는 한 번 들은 노래는 암기해서 부를 수 있습니다.

UNIT 02 꽃花・나무木

「花(꽃)」는 '화려한 것', '아름다운 여성', '행복한 상태' 등을 나타냅니다. 「木(나무)」는 사람들과 다양한 관계가 있는 식물로, 관용구에 사용된 나무는 다양한 측면에서 묘사되고 있습니다.

필수 표현

☐☐ 01

言わぬが花
말하지 않는 것이 정취도 있고 지장이 없어 좋음

映画を見ようとしている人に、ストーリーは言わぬが花です。
영화를 보려고 하는 사람에게 줄거리는 말하지 않는 게 낫습니다.

☐☐ 02

高嶺の花
그림의 떡

あんな美しい女性は僕には高嶺の花です。
저렇게 아름다운 여성은 나에게는 그림의 떡입니다.

PART 07 자연

□□ 03

話[はなし]に花[はな]が咲[さ]く
이야기에 꽃이 피다

久[ひさ]しぶりに会[あ]った友人[ゆうじん]と話[はなし]に花[はな]が咲[さ]き、夜遅[よるおそ]くまで話[はな]し続[つづ]けました。
오랜만에 만난 친구와 이야기에 꽃이 피어, 밤늦게까지 계속 이야기했습니다.

□□ 04

花[はな]より団子[だんご]
외관보다 실리를 좇는 것의 비유

彼[かれ]は花[はな]より団子[だんご]で、表彰[ひょうしょう]されたことよりもらった賞金[しょうきん]に喜[よろこ]んでいました。
그는 허울보다 실속이라고, 표창받은 것보다 받은 상금에 기뻐했습니다.

□□ 05

待[ま]つうちが花[はな]
결과를 예상하며 기다리고 있는 동안이 가장 즐거움

１か月前[げつまえ]からハイキングを楽[たの]しみにしていたのですが、行[い]ってみたら大[たい]して楽[たの]しくありませんでした。待[ま]つうちが花[はな]っていうのは、こういうことですね。
한 달 전부터 하이킹을 기대하고 있었는데, 가보니 그다지 즐겁지 않았습니다. 기다리고 있는 동안이 가장 즐겁다는 것은 이런 것이네요.

□□ 06

両手[りょうて]に花[はな]
(남자가) 여자들에게 둘러싸여 있음

彼は美女に囲まれて、両手に花とばかり幸せそうな表情をしています。
그는 미녀에게 둘러싸여, 양손에 꽃뿐이라는 듯 행복한 표정을 하고 있습니다.

표현 UP

□□ 07

花を持たせる

다른 사람에게 영광을 돌리다, 다른 사람에게 명예를 양보하다

ここは彼に花を持たせて、演説をさせてあげましょう。
여기서는 그에게 영광을 돌려, 연설을 맡깁시다.

□□ 08

木で鼻をくくる

무뚝뚝하게 대하다, 냉담하게 응대하다

彼の木で鼻をくくったような態度には、いつも閉口します。
그의 무뚝뚝한 태도에는 언제나 질립니다.

□□ 09

木に竹をつぐ

다른 성질의 것을 맞붙이다, 전후 관계나 이치에 맞지 않다

彼の釈明は木に竹をつぐようで、何を言いたいのかさっぱり分かりません。
그의 해명은 앞뒤가 전혀 맞지 않아, 무엇을 말하고 싶은 것인지 도무지 모르겠습니다.

PART 08

방향

UNIT 01 상하좌우上下左右
옆橫, 隣 · 대각선斜め

UNIT 01 상하좌우 上下左右
옆 横, 隣 · 대각선 斜め

방향을 나타내는 말은 단순히 방향을 나타내는 것 외에도 긍정적이거나 부정적인 가치를 나타내기도 합니다. '옆'에 해당하는 일본어는 「横(よこ)」인데, 「隣(となり)」도 '옆'이라는 뜻입니다. 「隣(となり)」는 사실 방향을 나타내는 말이 아니라, '옆집'이나 '옆자리'와 같이, 옆에 있는 같은 성질의 것을 나타냅니다.

필수 표현

☐☐ 01

右(みぎ)に出(で)る者(もの)がない
능가할 사람이 없다

日本語(にほんご)の実力(じつりょく)に関(かん)しては、あなたの右(みぎ)に出(で)る者(もの)はいません。
일본어 실력에 관해서는 당신을 능가할 사람이 없습니다.

☐☐ 02

横(よこ)になる
눕다, 자다

お疲(つか)れのようですから、しばらく横(よこ)になって休(やす)まれたらいかがですか。
피곤하신 것 같으니 잠시 누워서 쉬는 것이 어떠십니까?

□□ 03

横を向く
よこ　む

무시하거나 거절하다, 외면하다

彼女は私の言葉の何が気に入らなかったのか、「まあ好きにやってね」と言うと、ぷいと横を向いてしまいました。

그녀는 내 말의 무엇이 마음에 안 들었는지, 「뭐, 좋을대로 해」라고 말하고는 휙하고 외면해 버렸습니다.

> **tip** 비슷한 표현으로 「そっぽを向く(외면하다)」가 있음.

□□ 04

ご機嫌斜め
き げん なな

심기가 편치 않다, 기분이 나쁘다

彼女は今ご機嫌斜めだから、会ってもろくに話はできないと思いますよ。

그녀는 지금 심기가 편치 않기 때문에 만나도 제대로 이야기는 할 수 없을 거예요.

표현 UP

□□ 05

上を下へ
うえ　した

뒤섞여 혼란한 모양

家の前の草むらにマムシが出て、上を下への大騒ぎになりました。

집 앞의 풀숲에 살무사가 나와서 야단법석이었습니다.

□□ 06

下手に出る
した て で

겸손한 태도를 취하다

彼は、こっちが下手に出ると、すぐ威張りだすような小人物です。
かれ　　　　　　　　した て で　　　　　　い ば　　　　　　　　　　しょうじんぶつ

그는 이쪽이 겸손한 태도로 응하면, 바로 으스대기 시작하는 속이 좁은 사람입니다.

□□ 07

下にも置かない
した　　お

아주 정중하게 대하다

高級レストランでは下にも置かないもてなしをしてくれるので、とても満足です。
こうきゅう　　　　　　した　　お　　　　　　　　　　　　　　　　　　　　　　　　　　　　　　まんぞく

고급 레스토랑에서는 아주 정중하게 대접을 해주기 때문에 매우 만족합니다.

□□ 08

下手の横好き
へ た　　よこ ず

서투른 주제에 그것을 몹시 좋아해 열중하는 것

彼のオンラインゲームは下手の横好きなのだけれど、本人は名手だと思っています。
かれ　　　　　　　　　　　　　　へ た　よこ ず　　　　　　　　　　ほんにん　めいしゅ　　　おも

그는 온라인 게임에 서투른 솜씨로 열중하는데, 본인은 명수라고 생각하고 있습니다.

□□ 09

言を左右にする
げん　　さ ゆう

말을 이랬다저랬다 하다

彼は議論する時言を左右にするから、言っていることが信用できません。
かれ　ぎ ろん　　　とき げん　さ ゆう　　　　　　　い　　　　　　　　　　しんよう

그는 의논할 때 말을 이랬다저랬다 하기 때문에 말을 신용할 수 없습니다.

☐☐ 10

左団扇で暮らす
ひだりうちわ　く

안락하게 지내다

夫が早世した後、彼女は少なからぬ遺産を相続し、今は左団扇で暮らしています。

남편이 요절한 후, 그녀는 적지 않은 유산을 상속받아 지금은 안락하게 지내고 있습니다.

☐☐ 11

右と言えば左
みぎ　い　　ひだり

남이 하는 말에 모두 반대하는 것

うちの夫は右と言えば左で、本当に疲れます。

우리 남편은 사사건건 반대해서 정말 피곤합니다.

☐☐ 12

横車を押す
よこぐるま　お

억지를 쓰다

みんなが決定したことに対して彼が横車を押すものだから、議論が紛糾してしまいました。

모두가 결정한 것에 대해 그가 억지를 쓰는 바람에 이야기가 꼬이고 말았습니다.

☐☐ 13

横の物を縦にもしない
よこ　もの　たて

몹시 게으르다

UNIT 01 상하좌우·옆·대각선 **217**

彼は、横の物を縦にもしないほど物臭なので、家の中はものすごく汚いです。
그는 아주 게을러서 집 안은 굉장히 더럽습니다.

□□ 14

横槍を入れる
곁에서 말참견하다

私たちの問題ですから、あなたは横槍を入れないでください。
우리들의 문제이니까 당신은 끼어들지 말아주세요.

□□ 15

斜に構える
빈정거리거나 조롱하는 자세로 임하다

物事に正面から向き合わないで斜に構える態度は、一見冷静そうに見えますが、実際には逃げ腰になっているのです。
일을 정면에서 마주 대하지 않고 빈정거리는 태도는 언뜻 냉정하게 보이지만, 실제로는 발뺌하려는 것입니다.

□□ 16

斜め読み
전체 흐름을 잡기 위해 세세한 부분을 건너뛰고 빨리 읽는 것

彼の本の読み方は、ほとんど斜め読みですが、それでも内容は頭に入っています。
그의 책 읽는 방법은 거의 자세한 부분은 건너뛰고 읽지만, 그래도 내용은 머리에 들어있습니다.

PART 09

수

UNIT 01 1~10 一~十 · 백百 · 천千 · 만万

UNIT 01　1〜10 一〜十・백百 천千・만万

숫자는 각각의 수 하나하나에 이미지가 담겨 있기도 합니다. 그리고 숫자는 반드시 그 수를 나타내는 것이 아니라, 그 수가 가진 이미지로 대표해서 말하는 경우가 많습니다. 또 숫자와 관련된 관용구 중에는 숫자와 독음이 서로 관계 없는 것도 있습니다.

필수 표현

□□ 01 ----

一か八か
いち　　ばち

결과가 어떻게 되든 운은 하늘에 맡기고 해 보는 것

一か八かで第一志望校を受験してみました。
いち ばち　　だいいち しぼうこう　　じゅけん
운은 하늘에 맡기고 1지망 학교를 시험 쳐 보았습니다.

tip 「丁か半か(짝수냐 홀수냐)」를 겨루는 주사위 도박에서 나온 말로, 「一」는 「丁」자의 윗부분, 「八」는 「半」자의 윗부분을 딴 것임.

□□ 02 ----

一から十まで
いち　　　じゅう

하나부터 열까지, 일일이

彼は自分で学ぶ習慣がないので、一から十まで教えてあげないと理解できません。
그는 스스로 공부하는 습관이 없기 때문에, 하나부터 열까지 가르쳐 주지 않으면 이해하지 못 합니다.

□□ 03

一知半解
いっちはんかい

일지반해, 수박 겉 핥기

一知半解の状態で「勉強した」と思ってはいけません。納得がいくまでしっかり勉強する必要があります。
수박 겉 핥기 식으로 「공부했다」고 생각해서는 안됩니다. 납득이 갈 때까지 확실히 공부할 필요가 있습니다.

□□ 04

危機一髪
ききいっぱつ

위기일발, 몹시 절박한 순간

建物が崩壊した時、私たちは危機一髪で難を免れました。
건물이 붕괴됐을 때 우리들은 위기일발로 재난을 면했습니다.

□□ 05

二枚目
にまいめ

미남

彼は二枚目で、女の子たちに人気があります。
그는 미남이라 여자들에게 인기가 있습니다.

☐☐ 06 --------

三三五五
さんさん ご ご

삼삼오오, 여럿이 떼를 지어 다님

学校が終わり、子どもたちが三三五五、それぞれの家に向かって帰って行きます。
학교가 끝나고 아이들이 삼삼오오 각자의 집을 향해 가고 있습니다.

☐☐ 07 --------

五十歩百歩
ご じっ ぽ ひゃっ ぽ

오십보백보, 다소 차이는 있으나 본질은 같음

どのファーストフード店も、健康度は五十歩百歩です。
어느 패스트푸드점도 건강면에서는 오십보백보입니다.

☐☐ 08 --------

七転び八起き
なな ころ　　や　お

칠전팔기, 여러 번 실패해도 굴하지 않고 꾸준히 노력함

人生は七転び八起きですから、一度や二度の失敗で絶望することはありません。
인생은 칠전팔기이니까 한 두 번의 실패로 절망할 일은 없습니다.

☐☐ 09 --------

九死に一生を得る
きゅう し　　　いっしょう　え

구사일생하다

彼は津波に呑まれましたが、瓦礫につかまって九死に一生を得ました。
그는 해일에 휩쓸렸지만 기왓장을 붙잡고 구사일생했습니다.

☐☐ 10

十中八九
じっちゅうはっく

십중팔구, 대개

この病気にかかると十中八九は助かりません。
이 병에 걸리면 십중팔구는 살아나지 못합니다.

tip 「じゅっちゅうはっく」라고도 발음함.

☐☐ 11

十把一からげ
じっぱひと

여러 종류의 것을 구분하지 않고 한데 묶어 취급함, 뭉뚱그림

何でも十把一からげにして話す人が多いように思います。
무엇이든 뭉뚱그려서 이야기하는 사람이 많은 것 같습니다.

☐☐ 12

十人十色
じゅうにんといろ

십인십색, 생각이나 취향이 제각각임

人の悩みは十人十色なので、自分と同じ悩みを他の人が抱えていないからといって、うらやましがることはありません。
사람의 고민은 십인십색이므로, 자신과 같은 고민을 다른 사람이 갖고 있지 않다고 해서 부러워할 일은 아닙니다.

☐☐ 13

十年一日
じゅうねんいちじつ

긴 세월 동안 아무 변화 없이 같은 상태임

私は十年一日のごとく自宅と職場を往復する毎日を送っています。
나는 십 년을 하루같이 집과 직장을 왕복하는 매일을 보내고 있습니다.

☐☐ 14

万が一

만일

① 万が一災害を被ったら、どう対処しますか。
만일 재해를 입었다면 어떻게 대처합니까?

② 保険というのは万が一のために備えておくべきものです。
보험이라는 것은 만일을 위해 준비해 두어야 하는 것입니다.

표현 UP

☐☐ 15

一期一会

일생에 단 한 번 밖에 없는 만남

いつ誰と接する時でも、一期一会の心がけは大切なことです。
언제 누구와 만날 때도, 일생에 단 한 번 밖에 없는 만남이라는 마음가짐은 중요합니다.

> **tip** 일본 다도에서, 비록 같은 손님을 만나더라도 지금의 만남은 평생에서 유일한 만남이며, 그만큼 그 기회를 소중히 여겨야 한다는 데서 유래되었음.

☐☐ 16

一にも二にも

첫째도 둘째도, 무엇보다 먼저

本当に日本語が上手になりたかったら、一にも二にも勉強です。
정말로 일본어를 잘 하고 싶다면 첫째도 둘째도 공부입니다.

□□ 17

一長一短
いっちょういったん

일장일단, 장점과 단점

どんな教授法にも一長一短があるので、教師はそれらをうまく組み合わせて用いる必要があります。
어떤 교수법에도 일장일단이 있으므로, 교사는 그것들을 잘 취합해서 사용할 필요가 있습니다.

□□ 18

裸一貫
はだかいっかん

맨몸, 가진 것이 아무 것도 없음

社長は裸一貫から商売を始めてここまで大きな会社に育ててきました。
사장님은 맨몸으로 장사를 시작해서 여기까지 큰 회사로 키워 왔습니다.

□□ 19

二階から目薬
にかい めぐすり

확실한 방법을 두고 멀리 돌아가 답답함

日本語で会話をしたい人が文法の勉強ばかりするのは、二階から目薬を差すようなものではないかと思います。
일본어로 회화를 하고 싶은 사람이 문법 공부만 하는 것은 답답한 일이 아닌가 생각합니다.

☐☐ 20

二進(にっち)も三進(さっち)も
이러지도 저러지도

大学(だいがく)に通(かよ)っているという嘘(うそ)がばれて、二進(にっち)も三進(さっち)も行(い)かなくなってしまいました。
대학에 다니고 있다는 거짓말이 들켜서 이러지도 저러지도 못하게 되었습니다.

☐☐ 21

二(に)の句(く)が継(つ)げない
어이가 없어 다음 말이 나오지 않다

大学(だいがく)を辞(や)めるという彼(かれ)の言葉(ことば)に、二(に)の句(く)が継(つ)げませんでした。
대학을 그만둔다는 그의 말에 어이가 없어 다음 말이 나오지 않았습니다.

☐☐ 22

二枚舌(にまいじた)を使(つか)う
모순된 말을 함, 거짓말을 함

彼(かれ)は二枚舌(にまいじた)を使(つか)うから、信用(しんよう)できません。
그는 모순된 말을 하기 때문에 신용할 수 없습니다.

☐☐ 23

三度目(さんどめ)の正直(しょうじき)
일은 세 번째에는 기대하는 대로 결과가 나온다는 것

一度（いちど）や二度（にど）失敗（しっぱい）したからといって落胆（らくたん）する必要（ひつよう）はありません。三度目（さんどめ）の正直（しょうじき）という言葉（ことば）もありますから、また気（き）を取（と）り直（なお）して頑張（がんば）ってみましょう。

한 번이나 두 번 실패했다고 해서 낙담할 필요는 없습니다. 세 번째에는 기대하는 결과가 나온다고 하는 말이 있으니까 다시 기분을 새로이 하고 분발해 봅시다.

□□ 24

三拍子（さんびょうし）そろう

삼박자를 고루 갖추다, 필요한 요소를 모두 갖추다

彼（かれ）の日本語（にほんご）は、読（よ）み・書（か）き・会話（かいわ）の三拍子（さんびょうし）そろった高（たか）い実力（じつりょく）を備（そな）えています。

그의 일본어는 읽기·쓰기·회화의 삼박자를 높은 실력으로 갖추었습니다.

□□ 25

四角四面（しかくしめん）

아주 진지하고 고지식함

彼（かれ）みたいに四角四面（しかくしめん）な考（かんが）えしかできない人（ひと）は、小説家（しょうせつか）やコピーライターになれるはずがありません。

그처럼 고지식한 생각 밖에 못하는 사람은 소설가나 카피라이터가 될 리 없습니다.

□□ 26

四（し）の五（ご）の言（い）う

이러쿵저러쿵 불평하다

お金（かね）を稼（かせ）ぎたかったら、四（し）の五（ご）の言（い）っていないで、行動（こうどう）するなり勉強（べんきょう）するなりしたらどうですか。

돈을 벌고 싶다면 이러쿵저러쿵 불평하지 말고, 행동하든지 공부하든지 하면 어떻습니까?

☐☐ 27

四方八方 (しほうはっぽう)

사방팔방, 모든 방면

彼は不用意に発した一言で、四方八方から非難の声にさらされました。
그는 부주의하게 발언한 한 마디로 사방팔방에서 비난의 소리를 들었습니다.

☐☐ 28

五分五分 (ごぶごぶ)

엇비슷함, 반반임

第一志望校に入る確立は、五分五分といったところです。
1지망 학교에 들어갈 확률은 반반입니다.

☐☐ 29

七光 (ななひかり)

부모나 상사의 후광, 부모나 상사의 덕을 봄

彼女は親の七光で大学の教授になりました。
그녀는 부모의 후광으로 대학 교수가 되었습니다.

☐☐ 30

口八丁手八丁 (くちはっちょうてはっちょう)

구변도 좋고 수단도 좋다

彼は口八丁手八丁で、人をだましながら生活してきました。
그는 구변도 좋고 수단도 좋아서, 남을 속이면서 생활해 왔습니다.

□□ 31

十八番 (おはこ)
가장 뛰어난 장기, 십팔번

私の十八番は、最近流行っているこの曲です。
나의 가장 뛰어난 장기는 최근 유행하고 있는 이 곡입니다.

□□ 32

百戦錬磨 (ひゃくせんれんま)
경험이 많아서 처리 능력이 훌륭하다

百戦錬磨のビジネスマンにかかれば、契約書にサインをさせるのは簡単なことでしょう。
경험이 많은 비즈니스맨에게 걸리면, 계약서에 사인을 하게 되는 것은 간단한 일이지요.

□□ 33

百人力 (ひゃくにんりき)
큰 도움을 받아 마음이 든든함

彼が私たちのチームに入ってくれれば百人力です。怖いものはありません。
그가 우리 팀에 들어온다면 마음이 든든합니다. 무서울 게 없습니다.

□□ 34

百も承知 (ひゃくしょうち)
잘 알고 있음, 알고도 남음

彼は、経営が傾いていることは百も承知で家業を継ぎました。
그는 경영이 기울고 있는 것은 잘 알고 가업을 이었습니다.

☐☐ 35 --

海千山千
うみせんやません

산전수전을 다 겪어 교활함

怪盗ルパンには、海千山千の刑事たちをもてあそぶだけの手腕がありました。

괴도 루팡에게는 산전수전을 다 겪어 교활한 형사들을 가지고 놀 만큼의 수완이 있었습니다.

☐☐ 36 --

千差万別
せんさばんべつ

천차만별

人の好みは千差万別なので、どんなに嫌われている人でも、全員から嫌われているわけではありません。

사람의 취향은 천차만별이라서, 아무리 남들이 싫어하는 사람이라도 모두가 싫어하는 것은 아닙니다.

PART 10

색

UNIT 01 빨강赤・파랑青・노랑黄色
검정黒・하양白

UNIT 01 빨강赤・파랑青・노랑黄色 검정黒・하양白

일본어의 기본 색깔 어휘는 「赤(빨강)」「青(파랑)」「白(하양)」「黒(검정)」 이렇게 네 가지로 구성되어 있습니다. 그래서 '노랑'에 해당하는 부분을 「赤」가 대신하는 경우가 있습니다. 예를 들면 「赤土(황토)」, 「赤牛(황소)」와 같은 단어들입니다. 약 1000년 전에 확립된 단어인 「黄色」는 달걀 노른자위나 해바라기 꽃잎처럼 확연한 노란색만을 나타냅니다. 또한 「緑(초록색)」도 「青」로 표현되는 경우가 많습니다. 예를 들어, 일본어에서 신호등의 녹색불은 「青信号(파란 신호)」라고 표현합니다.

필수 표현

□□ 01

赤くなる
부끄러워서 얼굴이 붉어지다

彼女はその青年を見ると、赤くなって目をそむけました。
그녀는 그 청년을 보자마자 부끄러워서 얼굴이 붉어져 시선을 돌렸습니다.

□□ 02

赤子の手を捻る
(갓난아기의 손목을 비틀 만큼) 아주 쉬운 일

あのチームに勝つのは赤子の手を捻るようなものです。
저 팀을 이기는 것은 아주 쉬운 일입니다.

□□ 03

赤の他人
あか たにん

전혀 관계 없는 사람, 모르는 사람

私(わたし)と彼(かれ)は、赤(あか)の他人(たにん)であるにもかかわらず、顔立(かおだ)ちから声(こえ)、性格(せいかく)まで似(に)ていると言(い)われます。

나와 그는 모르는 사람임에도 불구하고, 얼굴 생김새부터 목소리, 성격까지 닮았다고 합니다.

□□ 04

朱を入れる
しゅ い

(글을) 고치다, 수정하다

私(わたし)の仕事(しごと)は著者(ちょしゃ)の原稿(げんこう)に朱(しゅ)を入(い)れることですが、いざ自分(じぶん)で本(ほん)を書(か)いて見(み)ると、著者(ちょしゃ)の苦労(くろう)がよく分(わ)かります。

나의 일은 저자의 원고를 고치는 것인데, 막상 스스로 책을 써 보니, 저자의 노고를 잘 알겠습니다.

□□ 05

赤裸々
せきらら

적나라함

この小説(しょうせつ)では、上流社会(じょうりゅうしゃかい)の生活(せいかつ)を赤裸々(せきらら)に描(えが)いています。

이 소설에서는 상류사회 생활을 적나라하게 그리고 있습니다.

□□ 06

真っ赤なうそ
まっか

새빨간 거짓말

彼女(かのじょ)が孤児(こじ)だという話(はなし)は真(ま)っ赤(か)なうそです。

그녀가 고아라는 이야기는 새빨간 거짓말입니다.

□□ 07

青臭い
あおくさい

풋내가 나다, 미숙하다

彼はもう40歳になるのに、まだ青臭い理想論をぶっています。
그는 이미 40살이 되었는데도, 아직 미숙한 이상론을 주장하고 있습니다.

□□ 08

青くなる
あお

파랗게 질리다

彼は、警察から送られてきた手紙を見て青くなりました。
그는 경찰에서 온 편지를 보고 파랗게 질렸습니다.

□□ 09

青筋を立てる
あおすじ　た

핏대를 올리다, 얼굴에 핏줄이 돋을 정도로 화를 내거나 흥분하다

彼は店員の不誠実な態度に青筋を立てて怒っていました。
그는 점원의 불성실한 태도에 핏대를 올리며 화를 내고 있었습니다.

□□ 10

青二才
あおにさい

풋내기, 일이 서툴고 어설픈 젊은 남자를 가리킴

あんな青二才に重大な決断ができるはずありません。
그런 풋내기가 중대한 결단을 할 수 있을 리가 없습니다.

□□ 11

目の黒いうち
살아 있는 동안

私の目の黒いうちは、お前をあの男の元へはやらないぞ。
내가 살아 있는 동안은 너를 그 남자가 있는 곳으로는 못 보낸다.

□□ 12

黒白を争う
흑백을 가리다, 시비를 가리다

この問題が解決しないなら、法廷で黒白を争わざるを得ません。
이 문제가 해결되지 않으면, 법정에서 흑백을 가려야 합니다.

□□ 13

白を切る
모르는 체하다, 시치미를 떼다

何人も目撃者がいるのに、彼は財布を盗んでいないと白を切りました。
몇 명이나 목격자가 있는데도, 그는 지갑을 훔치지 않았다고 시치미를 뗐습니다.

□□ 14

目を白黒させる
몹시 놀라 당황하다

私がいきなり「やめます」と言ったら、店長は目を白黒させていました。
내가 갑자기 「그만두겠습니다」라고 말하자, 점장님은 몹시 놀라 당황했습니다.

표현 UP

□□ 15

青息吐息
あおいき と いき

곤란하고 괴로울 때 나오는 한숨, 또는 그 상태

彼は借金が返せなくて、青息吐息になっています。
かれ しゃっきん かえ　　　　　あおいき と いき

그는 빚을 갚지 못해 몹시 난감한 상태가 되었습니다.

□□ 16

青写真
あおじゃしん

청사진, 미래의 구상

外国語の勉強を始める時、それを使って何をしたいのかという青写真を描いておくことは、有益です。
がいこくご　べんきょう　はじ　とき　　　　　　　つか　なに　　　　　　　　　　　　あおじゃしん
えが　　　　　　　　　　　　　　ゆうえき

외국어 공부를 시작할 때, 그것을 사용해서 무엇을 하고 싶은지 청사진을 그려두는 것은 유익합니다.

□□ 17

青田買い
あお た が

기업이 인재 확보를 위해 졸업 예정의 학생과 입사 계약을 맺는 일

企業の青田買いが大学卒業生の学業の妨げとなっていることは、大きな問題だと思います。
きぎょう　あお た が　　だいがくそつぎょうせい　がくぎょう　さまた　　　　　　　　　　　おお
もんだい　　おも

기업이 졸업 예정의 학생과 입사 계약을 맺는 일이 대학 졸업생의 학업에 방해가 되는 것은 큰 문제라고 생각합니다.

☐☐ 18 ------

青菜に塩
あおな　　しお

(푸성귀에 소금을 뿌린 듯이) 풀이 죽은 모양

普段は元気はつらつとしている彼が、彼女に振られて青菜に塩の状態です。

평소에는 생기발랄한 그가, 그녀에게 차이고 풀이 죽은 상태입니다.

☐☐ 19 ------

青雲の志
せいうん　こころざし

청운의 꿈, 입신출세하려는 꿈

昔の人たちは、青雲の志を抱いて故郷を離れたものです。

옛날 사람들은 청운의 꿈을 안고 고향을 떠났습니다.

☐☐ 20 ------

青天の霹靂
せいてん　へきれき

청천벽력, 뜻밖에 일어난 사건

友人の死の知らせは、私にとっては青天の霹靂でした。

친구의 사망 소식은 나에게 있어서는 청천벽력이었습니다.

☐☐ 21 ------

黄色い声
きいろ　こえ

어린 아이나 여자의 새된 소리

スターが熱唱している時、観客席からは女性客たちが黄色い声を上げていました。

스타가 열창하고 있을 때, 관객석에서는 여성 관객들이 날카로운 소리를 질렀습니다.

UNIT 01 빨강·파랑·노랑·검정·하양 **237**

□□ 22

黒幕 (くろまく)

막후 인물, 배후 인물

この事件の背後には、どうやら黒幕がいるようです。
그 사건의 배후에는 아무래도 배후 인물이 있는 것 같습니다.

□□ 23

白羽の矢が立つ (しらはのやがたつ)

많은 사람 가운데 특별히 뽑히다, 희생자로 뽑히다

次期社長は、うちの部長に白羽の矢が立ちました。
차기 사장으로 우리 부장님이 뽑혔습니다.

> **tip** 인신 공양을 바라는 신이 제물로 원하는 소녀의 집 지붕에 흰 깃털 화살을 세워 표시해 둔다는 옛날 이야기에서 유래됨.

□□ 24

白い目で見る (しろいめでみる)

백안시하다, 남을 업신여기거나 무시하다

そんなに私を白い目で見ないでください。
그렇게 나를 무시하지 말아 주세요.

색인

 사람의 얼굴

UNIT 01 얼굴顔

필수 표현

顔が売れる	010
顔が利く	010
顔がそろう	011
顔が立つ	011
顔が潰れる	011
顔が広い	011
顔から火が出る	012
顔に書いてある	012
顔にかかわる	012
顔に泥を塗る	012
顔を売る	013
顔を貸す	013
顔を出す	013
顔を立てる	014
顔を潰す	014

표현 UP

合わせる顔がない	014
大きな顔をする	015
顔を合わせる	015
顔を曇らせる	015
顔を直す	015
顔を汚す	016
涼しい顔	016
まともに顔を合わせられない	016

UNIT 02 머리頭

필수 표현

頭が上がらない	017
頭が痛い	017
頭が固い	018
頭が切れる	018
頭が低い	018
頭が古い	018
頭に入れる	019
頭に浮かぶ	019
頭に置く	019
頭に来る	020
頭に血が上る	020
頭を抱える	020
頭を下げる	020
頭を絞る	021
頭を使う	021
頭を悩ます	021
頭を冷やす	021

표현 UP

頭隠して尻隠さず	022
頭が下がる	022
頭から水を浴びたよう	022
頭から湯気を立てる	023
頭の上のハエを追う	023

頭の天辺から足の爪先まで	023
頭の中が白くなる	023
頭をおさえる	024
頭を掻く	024
頭を切り替える	024
頭をはねる	024
頭を捻る	025
頭を丸める	025
頭をもたげる	025

UNIT 03 눈目

필수 표현

痛い目に合う	026
大目に見る	026
長い目で見る	027
目が肥える	027
目が高い	027
目が届く	027
目がない	028
目が回る	028
目に余る	028
目に障る	028
目にする	029
目に入る	029
目を疑う	029
目を付ける	029
目をつぶる	030
目を通す	030
目を引く	030

표현 UP

鬼の目にも涙	030
白い目で見る	031
目が利く	031
目が眩む	031
目が据わる	032
目が散る	032
目が点になる	032
目と鼻の先	032
目に浮かぶ	033
目に角を立てる	033
目に付く	033
目にも留まらぬ	033
目に物言わす	034
目に物見せる	034
目の色を変える	034
目の上のこぶ	035
目を皿のようにする	035
目を丸くする	035

UNIT 04 코鼻

필수 표현

鼻が高い	036
鼻に掛ける	036
鼻に付く	037
鼻の下が長い	037
鼻を折る	037
鼻を高くする	037

鼻を突く　038

표현 UP

鼻息が荒い　038
鼻であしらう　038
鼻で笑う　039
鼻の下を伸ばす　039
鼻を明かす　039
鼻を鳴らす　040

UNIT 05 입口

필수 표현

口がうまい　041
口がうるさい　041
口が重い　042
口が堅い　042
口が軽い　042
口が過ぎる　042
口が酸っぱくなる　043
口が滑る　043
口が悪い　043
口車に乗る　043
口に合う　044
口にする　044
口に上る　044
口に任せる　044
口を出す　045

표현 UP

口が裂けても　045
口が達者　046
口が干上がる　046
口を利く　046
口をそろえる　046
口を噤む　047
口を尖らせる　047

UNIT 06 귀耳

필수 표현

耳が痛い　048
耳が早い　048
耳に障る　049
耳にする　049
耳にたこができる　049
耳に付く　049
耳に残る　050
耳に入る　050
耳を疑う　050
耳を傾ける　051
耳を澄ます　051

표현 UP

聞く耳を持たない　051
小耳に挟む　052
寝耳に水　052
耳が汚れる　052

耳が肥える	052
耳が遠い	053
耳に入れる	053
耳に留まる	053
耳に留める	053
耳を貸す	054
耳をそろえる	054
耳をつんざく	054
耳を塞ぐ	054

UNIT 07 이마額·뺨頬·턱あご

필수 표현

額を集める	055
額を合わせる	055
頬を染める	056
頬をつねる	056
頬を膨らませる	056
あごで使う	057
あごを出す	057
あごをなでる	057

표현 UP

額に汗する	057
額がゆるむ	058
ほっぺたが落ちる	058
あごが外れる	058
あごが干上がる	059

UNIT 08 혀舌·이歯

필수 표현

舌が肥える	060
舌が回る	060
舌つづみを打つ	061
舌を出す	061
舌を巻く	061
歯が立たない	061
歯を食いしばる	062

표현 UP

舌の根も乾かぬうちに	062
舌を鳴らす	062
奥歯に物が挟まったよう	063
歯が浮く	063
歯に衣着せぬ	063
歯の抜けたよう	063
歯の根が合わない	064

PART 02 사람의 손·발

UNIT 01 손手

필수 표현

手が空く	066
手が掛かる	066

243

手が足りない	067
手が付けられない	067
手が出ない	067
手が届く	067
手が離せない	068
手が回らない	068
手が焼ける	068
手に汗を握る	069
手に余る	069
手に入れる	069
手にする	069
手に手を取る	070
手に取るよう	070
手に乗る	070
手の裏を返す	071
手を上げる	071
手を貸す	071
手を加える	071
手を出す	072
手を付ける	072
手を抜く	072
手を回す	073
手を焼く	073

표현 UP

手が込む	073
手が離れる	074
手取り足取り	074
手に落ちる	074

手に付かない	075
手も足も出ない	075
手を入れる	075
手を打つ	075
手を掛ける	076
手を切る	076
手を組む	076
手をこまぬく	077
手を尽くす	077
手を濡らさず	077
手を伸ばす	077
手を引く	078
手を広げる	078

UNIT 02 발足

필수 표현

揚げ足を取る	079
足が出る	079
足が棒になる	080
足に任せる	080
足を洗う	080
足を奪われる	080
足を取られる	081
足を延ばす	081
足を運ぶ	081
足を引っ張る	081

표현 UP

足が地に着かない	082

足が付く	082
足が早い	082
足が向く	083
足元を見る	083
足を入れる	083
足をすくう	083
二の足を踏む	084

UNIT 03 손가락指·손발톱爪

필수 표현

指折り数える	085
指をくわえる	085

표현 UP

後ろ指を指す	086
指を染める	086
爪に火を点す	086
爪を研ぐ	086

PART 03 사람의 몸

UNIT 01 몸身

필수 표현

身が持たない	090
身に余る	090
身にしみる	091
身に付く	091
身に付ける	091
身になる	091
身を削る	092
身を粉にする	092
身を捨てる	092
身を立てる	092
身を尽くす	093
身をもって	093

표현 UP

身が入る	093
身から出た錆	094
身に覚えがない	094
身につまされる	094
身の置き所がない	094
身の毛がよだつ	095
身も蓋もない	095
身も世もない	095
身を入れる	095
身を切る	096
身を砕く	096

UNIT 02 목首

필수 표현

首が危ない	097
首が回らない	097
首にする	098
首になる	098

색인 **245**

首を切る	098
首を縦に振る	098
首を突っ込む	099
首を長くする	099

표현 UP

首がつながる	099
首が飛ぶ	100
首の皮一枚で	100
首を傾げる	100
首を捻る	100
首を横に振る	101

UNIT 03 어깨肩

필수 표현

肩の荷が下りる	102
肩を入れる	102
肩を並べる	103
肩を持つ	103

표현 UP

肩に掛かる	103
肩身が狭い	104
肩を落とす	104
肩を貸す	104
肩をすぼめる	104

UNIT 04 팔腕

필수 표현

腕が上がる	105
腕がいい	105
腕が鳴る	106
腕を上げる	106

표현 UP

腕に覚えがある	106
腕によりを掛ける	106
腕をこまぬく	107
腕を振るう	107

UNIT 05 가슴胸

필수 표현

胸が痛む	108
胸がいっぱいになる	108
胸が騒ぐ	109
胸がすく	109
胸が詰まる	109
胸が張り裂ける	109
胸を打つ	110
胸を焦がす	110
胸を撫で下ろす	110
胸を張る	110
胸を膨らませる	111

표현 UP

胸がつかえる	111
胸が潰れる	111
胸が塞がる	112
胸に一物	112
胸に聞く	112
胸に応える	112
胸に迫る	113
胸のつかえが下りる	113

UNIT 06 배腹

필수 표현

腹が黒い	114
腹が立つ・腹を立てる	114
腹が太い	115
腹が減る	115
腹の虫が治まらない	115
腹を抱える	115
腹を割る	116

표현 UP

自腹を切る	116
腹が癒える	116
腹ができている	117
腹の皮がよじれる	117
腹を決める	117
腹をこしらえる	117
腹を肥やす	118
腹を壊す	118
腹を探る	118
腹を据える	119

UNIT 07 등背·엉덩이尻

필수 표현

背を向ける	120
尻に敷く	120
尻に火が付く	121
尻を据える	121
尻を叩く	121
尻を拭う	121

표현 UP

背にする	122
尻馬に乗る	122
尻に付く	122
尻を上げる	122

UNIT 08 허리腰·무릎ひざ

필수 표현

腰が抜ける・腰を抜かす	124
腰が低い	124
腰を折る	125
腰を下ろす	125
腰を掛ける	125
腰を据える	125
ひざを崩す	126
ひざを交える	126

표현 UP	
腰が重い	126
腰が強い	126
腰が弱い	127
腰を上げる	127
腰を入れる	127
ひざが笑う	128
ひざを打つ	128
ひざを折る	128
ひざを進める	128
ひざを正す	129

UNIT 09 간肝・심장心臓・창자腸 내장腑

필수 표현	
肝が小さい	130
肝が太い	130
肝に銘じる	131
肝を潰す	131
心臓が強い	131
心臓が弱い	131
腑に落ちない	132

표현 UP	
肝が据わる	132
肝を冷やす	132
心臓に毛が生えている	133
腸が腐る	133

腸がちぎれる	133
腸が煮えくり返る	133
腑が抜ける	134

UNIT 10 피血・눈물涙 침唾, よだれ・땀汗

필수 표현	
血が通う	135
血がつながる	135
血がにじむような	136
血が沸く	136
血は水より濃い	136
血も涙もない	136
血を見る	137
雀の涙	137
涙を禁じえない	137
涙を呑む	137
唾を付けておく	138
よだれを垂らす	138
汗をかく	138
手に汗を握る	139

표현 UP	
血が騒ぐ	139
血が上る	139
血で血を洗う	140
血と汗の結晶	140
血となり肉となる	140
血に飢える	140

血を吐く思い	141
血を引く	141
涙に暮れる	141
涙に沈む	141
涙に咽ぶ	142
涙を覚える	142
涙を誘う	142
涙を振るって	143
涙を催す	143
手に唾する	143
生唾を飲み込む	143
よだれが出る	144
汗になる	144

UNIT 11 목구멍喉・숨息 배꼽へそ・뼈骨

필수 표현

喉から手が出る	145
息が合う	145
息が切れる	146
息が詰まる	146
へそを曲げる	146
骨が折れる	146
骨に刻む	147
骨を折る	147

표현 UP

喉が鳴る	147
へそで茶を沸かす	148
骨と皮	148
骨に徹する	148
骨になる	148
骨身を惜しまず	149
骨を惜しむ	149

PART 04 사람의 정신・마음

UNIT 01 정신・마음気

필수 표현

いい気になる	152
気が合う	152
気がある	153
気が置けない	153
気が重い	153
気が利く	153
気が気でない	154
気が進まない	154
気が済む	154
気が散る	154
気が付く	155
気が強い	155
気が遠くなる	155
気がない	155
気が長い	156
気が抜ける	156

색인 **249**

気が早い	156
気が引ける	157
気が短い	157
気が向く	157
気が弱い	157
気が楽だ	158
気に入る	158
気に掛かる	158
気に食わない	158
気に障る	159
気にする	159
気になる	159
気を入れる	159
気を配る	160
気を使う	160
気を付ける	160

표현 UP

気がいい	160
気が多い	161
気が知れない	161
気が急く	161
気が立つ	161
気が違う	162
気が詰まる	162
気が乗らない	162
気が晴れる	162
気晴らし	163
気を失う	163
気を落とす	163
気を取られる	163
気を取り直す	164
気を抜く	164
気を晴らす	164
気を張る	165
気を持たせる	165
気を揉む	165
気を許す	165
気をよくする	166
気を悪くする	166

UNIT 02 마음 心

필수 표현

心が騒ぐ	167
心にもない	167
心を合わせる	168
心を動かす	168
心を打つ	168
心を配る	168
心を込める	169
心を許す	169

표현 UP

心が弾む	169
心に掛ける	170
心を入れ替える	170
心を鬼にする	170
心を砕く	171

心を引く	171
心を寄せる	171

PART 05 사람의 의식주

UNIT 01 입다着る・벗다脱ぐ

필수 표현

恩に着せる	174
罪を着せる	174
濡れ衣を着る	175
一肌脱ぐ	175

표현 UP

恩に着る	175
笠に着る	175
かぶとを脱ぐ	176
かみしもを着る	176
かみしもを脱ぐ	176

UNIT 02 먹다食う 마시다飲む, 呑む

필수 표현

いっぱい食わす	177
気に食わない	177
食うか食われるか	178
その手は食わない	178

道草を食う	178
息を呑む	178
生唾を飲み込む	179
涙を呑む	179

표현 UP

泡を食う	179
同じ釜の飯を食う	179
食うや食わず	180
食わず嫌い	180
年を食う	180
人を食う	180
鵜呑みにする	181
固唾を呑む	181
清濁併せ呑む	181

UNIT 03 살다住む

필수 표현

一つ屋根の下に住む	182

PART 06 생물

UNIT 01 고양이猫・개犬・소牛・말馬

필수 표현

猫の手も借りたい	184

색인 | **251**

猫の額	184
猫をかぶる	185
犬の遠吠え	185
犬も食わない	185
犬猿の仲	185
馬が合う	186

표현 UP

借りてきた猫	186
猫の子一匹いない	186
猫の目	187
猫も杓子も	187
牛のよだれ	187
馬の背を分ける	187
どこの馬の骨	188
馬脚を現す	188

UNIT 02 호랑이虎・뱀蛇
원숭이猿・쥐ねずみ

필수 표현

虎の巻	189
長蛇の列	189

표현 UP

虎の威を借る狐	190
虎の子	190
鬼が出るか蛇が出るか	190
蛇の道は蛇	191
袋のねずみ	191

UNIT 03 새鳥・참새雀・까마귀烏
학鶴・오리鴨・매鷹

필수 표현

雀の涙	192
鴨にする	192

표현 UP

飛ぶ鳥を落とす勢い	193
烏合の衆	193
烏の行水	193
鶴の一声	194

UNIT 04 물고기魚・도미鯛
고등어鯖

필수 표현

水を得た魚のよう	195
海老で鯛を釣る	195
鯖を読む	196

표현 UP

魚と水	196

UNIT 05 기타 생물

필수 표현

腹の虫が治まらない	197
虫がいい	197
虫が好かない	198
虫の居所が悪い	198

표현 UP	
虫が付く	198
虫の知らせ	199

PART 07 자연

UNIT 01 산山・물水・하늘天, 空 땅土

필수 표현	
氷山の一角	202
山が当たる	202
山が見える	203
山ほどある	203
山分け	203
山を掛ける	203
水入らず	204
水にする	204
水に流す	204
水の泡になる	205
焼け石に水	205
他人の空似	205
土になる	205

표현 UP	
山を越す	206
水が合わない	206

水掛け論	206
水と油	207
水も漏らさぬ	207
水をあける	207
水を打ったよう	207
水を差す	208
水を向ける	208
上の空	208
空で	209

UNIT 02 꽃花・나무木

필수 표현	
言わぬが花	210
高嶺の花	210
話に花が咲く	211
花より団子	211
待つうちが花	211
両手に花	211

표현 UP	
花を持たせる	212
木で鼻をくくる	212
木に竹をつぐ	212

PART 08 방향

UNIT 01 상하좌우上下左右
옆横, 隣・대각선斜め

필수 표현

右に出る者がない	214
横になる	214
横を向く	215
ご機嫌斜め	215

표현 UP

上を下へ	215
下手に出る	216
下にも置かない	216
下手の横好き	216
言を左右にする	216
左団扇で暮らす	217
右と言えば左	217
横車を押す	217
横の物を縦にもしない	217
横槍を入れる	218
斜に構える	218
斜め読み	218

PART 09 수

UNIT 01 1~10一~十・백百
천千・만万

필수 표현

一か八か	220
一から十まで	220
一知半解	221
危機一髪	221
二枚目	221
三々五々	222
五十歩百歩	222
七転び八起き	222
九死に一生を得る	222
十中八九	223
十把一からげ	223
十人十色	223
十年一日	223
万が一	224

표현 UP

一期一会	224
一にも二にも	224
一長一短	225
裸一貫	225
二階から目薬	225
二進も三進も	226

二の句が継げない	226	朱を入れる	233
二枚舌を使う	226	赤裸々	233
三度目の正直	226	真っ赤なうそ	233
三拍子そろう	227	青臭い	234
四角四面	227	青くなる	234
四の五の言う	227	青筋を立てる	234
四方八方	228	青二才	234
五分五分	228	目の黒いうち	235
七光	228	黒白を争う	235
口八丁手八丁	228	白を切る	235
十八番	229	目を白黒させる	235
百戦錬磨	229		
百人力	229	**표현 UP**	
百も承知	229	青息吐息	236
海千山千	230	青写真	236
千差万別	230	青田買い	236
		青菜に塩	237
		青雲の志	237
		青天の霹靂	237
		黄色い声	237
		黒幕	238
		白羽の矢が立つ	238
		白い目で見る	238

PART 10 색

UNIT 01 빨강赤・파랑青
노랑黄色・검정黒
하양白

필수 표현

赤くなる	232
赤子の手を捻る	232
赤の他人	233